조선의 엔터테이너

조선의 엔터테이너

초판1쇄 발행 | 2015년 11월 20일

지은이 | 정명섭

펴낸이 | 한성근
펴낸곳 | 이데아
출판등록 | 2014년 10월 15일 제2015-000133호
주소 | 서울 마포구 월드컵로28길 6, 3층(성산동)
전자우편 | idea_book@naver.com
전화번호 | 070-4208-7212
팩스 | 050-5320-7212

ISBN 979-11-956501-0-1 03910

이 책의 국립중앙도서관 출판사도서목록(CIP)은 e-CIP(http://www.nl.go.kr/ecip)와
국가자료공동목록시스템(http://www.nl.go.kr/kolisnet)에서 이용하실 수 있습니다.
(CIP 제어번호: CIP2015029679)

조선의 엔터테이너

천대와 멸시를 비틀고, 웃기고, 울리다

정명섭 지음

이데아

들어가는 글

역사가 기록하는 조선의 상당부분은 왕과 양반을 주축으로 하는 사회였다. 이들이 정치, 경제, 사회, 문화 전반을 움켜쥐고 있었으며 이를 중심으로 기록으로 남겼다.

모든 역사가 그러하듯 과연 이들 외에 우리가 기록하지 않은 역사, 그리고 인물들의 삶은 과연 미천하고 비루했을까? 현대의 많은 역사학자들, 저술가들이 조선의 음지에서 저마다 최고의 삶을 살았던 인물들을 찾아내고, 조명하고 이를 글로 재구성하는 데 많은 관심을 기울이고 있다. 참으로 다행이고 반가운 일이다. 이 책 또한 이와 같은 문제에서 시작됐다.

조선의 신분제가 만들어낸 천대와 멸시 속에서 팍팍한 삶을 살았을 백성들에게 위안은 무엇이었을까? 흰쌀밥에 고깃국도 있겠지만, 나아가 문화적 향유, 위로 또한 존재하지 않았을까? 마치 현대의 우리가 고단한 삶 속에서 '걸그룹'의 군무, 버라이어티의 개그맨, 19금 유머부터 영화 한 편, 그림 한 장, 음악 한 곡에 위안을 받듯이 말이다.

이 책은 조선 후기 간행된 학자들의 문집을 뒤적거리다가 낯선 사람들의 이야기를 발견하면서 쓰기 시작했다. 체통에 목숨을 건 학자들이 평범하지만 결코 평범하지 않았던 사람들의 이야기를 기록해놓은 것이 여러 문헌에서 발견되었다. 연암 박지원은 광대 달문의 전기를 썼고, 유득공은 해금 연주자인 유우춘의 사연을 글로 남겼다. 유재건을 비롯한 문인들도 중인과 일반 백성 중 특별한 삶을 산 이들의 이야기를 기록으로 옮겼다.

일례로 지금으로 치면, 유명한 파티에 빠지지 않은 '셀럽celebrity', 강남의 유명 학원 강사 부럽지 않은 노비 출신 훈장, 종로거리에서 사람들을 들었다 놨다 하는 길거리 개그맨에 이르기까지 조선에서 암약(?)하던 '엔터테이너'들이 즐비했다. 그들에게는 길거리가 공연장이고 누군가의 집 앞마당이 무대였다. 박수갈채도 받았지만 미천하고 못 믿을 작자들이라는 손가락질도 받아야 했다. 필사적으로 익힌 기술은 한낱 신기한 구경거리로 비춰졌다. 세상은 그들을 천대하고 멸시하고 조롱했다. 하지만 그들은 천대와 멸시를 비틀고 울리고 웃기고 때로는 비웃으면서 맞서나갔다.

책에 등장하는 인물들이 역사에서 과연 얼마나 비중이 있었냐고 물어본다면 사실 답할 길이 없다. 다만, 우리 삶에 소소한 기쁨을 안겨준 사람들, 자신을 희생하면서 남을 도운 사람들을 기억하듯이 이들 또한 당대 백성들에게 또렷이 기억되었다고는 말할 수 있겠다.

욕심을 내어 말하자면 역사의 균형감이 아닐까? 평범하지만 결코 평범하지 않았던 이들은 이름조차 알려지지 않았고 별명만 남아 있는 경우도 많지만 백성의 사랑을 듬뿍 받았다. 웃음과 감동, 해학으로 고단한 삶의 무게를 덜어줬기 때문이다. 누군가 시대를 관통하는 정신이 무엇이냐고 묻는다면, 그것은 삶을 떠받들어주는 모든 것이라고 대답하겠다. 그 어떤 삶도 부족하지 않으며, 기억해야 할 가치가 있다고 말이다. 이 책에서 소개하는 인물은 대부분 당대에는 조명을 받지 못했다. 그래서 더 빛나 보일지도 모르겠다. 새삼 글의 책임감을 진중하게 느낀다.

이 책은 나 혼자만의 것이 아니다. 내 이야기에 관심을 기울이고 책으로 만들어준 이는 이데아출판사 한성근 대표다. 책을 만드는 데 힘을 보태준 편집자와 디자이너에게도 깊이 감사드린다. 글을 쓰는 일은 아틀란티스 대륙을 찾아가는 것과 같다고 이야기한 적이 있다.

배상열과 최혁곤 작가가 없었다면 아틀란티스 대륙 찾기를 포기했을 것이다. 듬직한 큰형님 같은 전영관 시인과 친동생처럼 잘 따라주는 신효승 연구원에게 감사한다. 사랑하는 매형 존 엘리엇과 누나, 조카 카이런 기준 엘리엇과 예나 브리엔 엘리엇, 그리고 동생 홍섭과 유진 부부, 조카 세빈이에게 깊은 감사의 마음을 전한다. 네 명이었던 가족은 이제 열 명이 되었다. 가족을 지켜주신 어머니에게 존경하는 마음을 보낸다. 아울러 내 인생의 공동저자인 아내에게도 고마움을 전한다.

차례

2장 구라꾼들, 이야기로 사로잡다

3장 딴따라들, 나의 길을 가련다

4장 시객,
천대와 멸시를 조롱하다

5장 환쟁이, 붓끝으로 세상을 응시하다

1장
조선판 '세상에 이런 일이?'

못생겨서 죄송한
조선의 이주일,
달문

조선시대에는 신분제도가 명백하게 존재했고, 각기 신분에 맞는 직업을 가져야만 했다. 그리고 그 궤도에서 이탈한 사람들은 핍박과 천대를 받았다. 특히 어느 한곳에 머물지 않고 떠돌아다니던 광대들은 소를 잡는 백정보다 못한 존재로 취급되었다. 달문達文은 그런 취급을 받는 광대였다. 그것도 아주 못생겨서 누구나 한번 보면 다음에 바로 알아볼 지경이었다. 그가 만약 지금 활동했다면 고 이주일 씨처럼 못생겨서 죄송하다는 말을 수천, 수만 번은 했을 것이다.

그의 외모를 묘사한 것을 보면 하나같이 못생기고 초라했다고 되어 있다. 입이 하도 커서 주먹이 들어갈 정도였는데 달문은 오히려 그것을 자기 트레이드마크로 삼았다. 못생겼기 때문에 시원하게 웃길 수 있었던 달문은 조선 후기 최고 광대이자 엔터테이너로 명성을 떨쳤다.

연암燕巖 박지원朴趾源(1737~1805)을 비롯해 그를 기억하는 양반이 한둘이 아니었고, 그의 이름을 딴 달문가達文歌라는 노래가 지어질 정도로 인기를 끌었다. 그래서 미천하고 못생겼지만 당대 아니, 조선 후기 최고 광대라는 찬사와 기억이 지금까지 이어진 것이다. 그럴 수 있었던 이유는 못생긴 외모를 오히려 웃음거리로 만들어버린 넉살 좋은 성격과 뛰어난 재주 때문이었다.

어디에서 태어났고 부모가 누구인지 모르며 달문이 본명인지조차 몰랐지만 달문이라는 이름은 한양에서 모르는 사람이 없을 정도였다. 사당패에 속해 있지 않았으며, 거지였다가 약방에서 일하거나 남녀 사이의 일을 주선하고 잔심부름 따위를 하는 조방꾼 노릇을 했다는 것으로 봐서 애초부터 광대는 아니었을 것이다. 아마 한양 바닥을 누비면서 이런저런 사람들과 만나다가 재주를 익히면서 명성을 떨친 것이 아닌가 싶다. 제대로 배우지도 않았는데 광대로서 명성을 떨친 걸 보면 재능이 있었던 것으로 보인다. 게다가 말도 잘했으니 사람들 눈에 띈 것은 당연한 일인지도 모르겠다.

천하제일의 광대

18세기는 한양의 인구가 늘어나고 상업이 발달하면서 각종 놀이문화도 활기를 띠던 시기였다. 특히 양주 별산대놀이나 송파 산대놀이같이 군중을 상대로 한 인형극이나 탈춤공연이 본격화된 시기이기도 하다. 중인과 평민이 중심이 된 여항문화閭巷文化가 본격적으로 자리

〈가면무용〉, 김준근, 서울역사박물관 소장. 당시 광대들은 그림과 같이 탈을 쓰고 춤을 추고, 재주를 넘고, 재담을 하면서 관객들을 들었다, 놓았다 했다.

를 잡으면서 다양한 문화가 생겨난 것이다.

달문은 이런 시기에 가장 두각을 나타난 광대로서 솜씨나 인품, 타인을 배려하는 마음이 뛰어났다. 또한 비록 못생겼지만, 재주가 뛰어나 인형을 잘 다루는 것은 물론 철괴무鐵拐舞나 팔풍무八風舞 같은 탈춤에도 능했다. 팔풍무는 단순히 탈을 쓰고 춤을 추는 것이 아니라 공중제비를 돌거나 몸을 뒤집는 등 땅재주와 유사하다. 그러니 달문은 남사당패의 광대들이 하는 땅재주에도 능했던 것으로 보인다.

그뿐만이 아니었다. 재주를 넘고 춤을 추는 와중에도 쉴 새 없이 재담을 늘어놓거나 표정을 자유자재로 바꾸는 능력을 보여줬다. 남

흉내도 잘 내서 곧잘 웃음을 선사했다. 한마디로 18세기 한양을 누빈 길거리 스타라고 할 수 있다. 따라서 한양에서 제법 논다고 하는 한량 패거리는 달문을 모시려고 안간힘을 썼다. 그가 놀이판에 끼느냐 안 끼느냐에 따라 사람들의 관심이 달라졌다고 하니 당연한 일일지도 모르겠다.

앞서 설명한 각종 놀이는 탈을 쓴 양반과 아전들이 나와서 놀림거리가 되는 내용으로 되어 있다. 주요 관객층이 누구인지 명확하게 알 수 있는 대목이다. 이런 놀이판에서 달문은 최고 인기를 누렸다. 누구보다 재주를 잘 부렸고 대중을 휘어잡는 말솜씨까지 갖췄으니 말이다. 오늘날이었다면 유재석이나 강호동에 버금가는 개그맨으로 인기를 누리는 것은 물론 돈도 많이 벌었을 것이다.

천한 광대

당대 최고 광대라는 칭호를 얻었지만 정작 달문은 집조차 없어서 떠돌이 생활을 했다. 당대 최고 광대가 머물 집이 없다는 사실은 사람들 인식이 어떠했는지를 알 수 있는 대목이다. 아울러 그의 재주에 감탄하던 양반들조차 근본이 없음을 천하게 여기고 손가락질했다. 집이 없었기 때문에 나이가 들도록 결혼하지 못한 것은 당연한 일이었다. 하지만 낙천적이고 선량했던 그는 못생겼기 때문에 아무도 시집오지 않을 것이라고 스스로 이야기했다.

달문은 청계천 거지들과도 스스럼없이 어울렸다. 거지 출신이라는 기록도 있는 것으로 봐서는 애초부터 집이 없는 떠돌이나 고아였을 수도 있다. 그러다 주변의 소개로 약방에서 일하게 되었는데, 어느 날 주인이 물건값을 잃어버리는 일이 벌어졌다. 당연히 집도 절도 없는 그가 의심을 받게 되었다. 그러자 달문은 미안하다면서 물건값을 물어주고 약방을 그만두었다.

며칠 후 주인의 친구가 찾아와서 급하게 쓰느라 돈을 가져갔다며 돌려주자 약방 주인은 그제야 달문이 누명을 썼다는 사실을 알게 되었다. 달문은 미안한 마음에 사과하러 온 약방 주인에게 오히려 번거롭게 했다며 고개를 숙였다. 이후 달문은 물건 사고파는 것을 중개해 주는 거간꾼을 하거나 기생의 뒤를 봐주는 조방꾼, 즉 기둥서방 노릇을 했다. 하지만 자유로운 예술가였던 그에게는 하루하루 일하고 돈을 버는 것이 지옥과 같았을 것이다.

결국, 하던 일을 그만둔 달문은 조선 팔도를 유람했다. 일본으로 떠나는 통신사 일행을 따라 동래까지 내려가면서 각종 공연을 한 적도 있고, 정처 없이 팔도를 떠돌아다닌 적도 있다. 그가 가는 곳마다 그의 재주와 입담을 구경하려는 사람들로 가득했다. 그렇게 어디를 가든 사람들을 끌어모으고 인기를 누렸지만 근본도 없는 떠돌이 광대라는 손가락질은 없어지지 않았다. 그는 춤을 추는 자유로운 영혼이었지만 관습과 신분제의 틀에 갇혀 있던 조선에서는 불온하고 근본 없는 광대에 불과했기 때문이다.

신분이 천했기 때문에 죽을 위기에도 처했다. 영조 40년(1764) 4월 17일자 실록에는 임금이 직접 국문한 역적 무리에 달문의 이름이 보인다. 승려와 노비, 관상가들이 역모를 꾸몄는데 달문도 그 틈에 낀 것이다. 하지만 달문은 직접 가담한 것이 아니라 가담자 중 한 명이 그의 이름을 판 것에 불과했다. 조사과정에서 그 점이 밝혀졌지만 달문은 함경도 경성으로 유배를 떠나야 했다.

처음에 영조는 달문을 죽이려고 했다. 세상에 이름을 널리 알렸는데도 늙은 나이에 혼인을 하지 않아 풍속을 어지럽혔다는 죄목이었다. 다행히 그런 터무니없는 이유로 죽일 수 없다는 신하들의 간청에 따라 귀양을 보내는 것으로 마무리되었다.

유명하고 특이했기 때문에 주목을 받고, 심지어 죽어야 했던 시대 속에서 달문의 삶은 끊임없이 상처받을 수밖에 없었다. 다행히 달문의 귀양생활은 길지 않았다. 한양으로 돌아온 달문은 다시 사람들 앞에 서서 재주를 부리고 그들을 웃겼다. 늙은 달문에 관한 기록도 《이향견문록里鄕見聞錄》*을 비롯한 곳곳에서 찾아볼 수 있다.

노총각으로 지내던 그가 마침내 장가를 가게 되었다. 가뭄이 계속되면 나라에서는 노총각과 노처녀를 짝지어 결혼을 시켜주고 혼수를 장만해줬다. 결혼을 못한 이들의 한이 하늘에 닿아서 비가 내리지 않는다고 믿었기 때문이다. 달문도 그런 혜택을 받아서 결혼하게 되었다.

늘그막에는 경상도에서 살았는데 한양에서 내려온 사람을 보면 늘 장가를 보내준 임금님 은혜를 언급하며 눈물을 흘렸다. 진심인지 조롱인지 알 수 없지만 말이다. 그러다 어느 날, 바람처럼 사라졌다.

---

* 조선 후기 유재건劉在建이 지은 인물 행적기로 하층민의 인물 행적을 다수 기록하였다.

못생겼으나 자유로운

그에 관한 수많은 일화 중 적지 않은 부분을 차지하는 것이 바로 의리와 인내였다. 본격적으로 광대의 길을 걷기 전 거지 노릇을 했던 달문은 동료를 죽였다는 오해를 받고 무리에서 쫓겨났지만 아무 말도 하지 않고 죽은 거지를 묻어주었다. 보통 사람 같으면 억울함을 호소하다가 뒤도 돌아보지 않고 떠났겠지만 그는 잠자코 갈 길을 갔다.

약방에서 도둑 누명을 썼을 때도 오늘날 기준으로는 이해할 수 없을 정도로 참고 견뎠다. 그것은 달문이 착했기 때문이기도 하지만 다분히 의도적이었을 수도 있다. 조선은 신분에 따라 다르게 취급되었다. 특히, 한군데 정착하지 않거나 농사나 기술로 먹고살지 않는 사람은 거지나 범죄자 취급을 받았다. 신의가 없고 거짓말을 잘할 것이라는 선입견 때문이었다.

달문 역시 광대로서 사랑을 받고 인기를 끌었지만 그런 시선에서 벗어날 수는 없었다. 따라서 달문이 의도적으로 이렇게 행동했을 수도 있다. 눈앞의 손해를 무릅쓰더라도 신의를 지키는 모습을 보여줌으로써 자신도 그저 하나의 인간이라고 소리 없이 외친 것이다. 못생긴 광대에 불과했지만 누구보다 영혼이 자유로웠으니까 말이다.

기부천사,
조석중

흔히 갓이라고 하는 흑립黑笠과 이마에 두르는 망건網巾은 조선시대 선비들의 필수품이었다. 갓은 고려시대 평민들이 쓰던 패랭이에서 유래한 모자의 일종으로, 말총과 대나무로 만들었다. 망건은 머리 위로 틀어 올린 상투를 고정하기 위해 이마를 감싸는 일종의 두건이다. 행세깨나 하는 양반은 물론이고 중인도 망건을 두르고 갓을 썼다. 갓과 망건 모두 말총이나 명주실, 대나무로 만들었는데 매우 귀하고 만들기가 몹시 까다로워서 다들 애지중지했다. 드라마에서 보는 갓과 망건은 모양이 똑같지만 사실 시대와 장소에 따라 모양과 재료가 달랐다.

조석중趙石仲은 바로 갓이나 망건을 만드는 장인이었다. 지금은 갓과 망건 만드는 것을 별개 일로 취급하지만 당시에는 갓을 만드는 사람이 망건도 만든 것으로 보인다. 재료도 비슷했고, 만드는 방식도 큰 차이가 없었기 때문이다. 그는 한곳에 머물지 않고 전국을 떠돌면서 갓과 망건을 만들었다. 한 군데 있는 것보다 주문을 더 많이 받을 수 있었기 때문이다.

떠돌이 망건장이

떠돌이 망건장이인 조석중은 인상적인 외모로 사람들의 눈길을 끌었다. 9척 장신에 눈썹이 짙고 배가 불룩 튀어나왔다. 9척은 실제 컸다기보다는 키가 크다는 관용어로 보인다. 조선시대에 건축물을 만들 때 쓰던 영조척營造尺은 지금 치수로 한 척에 30센티미터가 넘었고, 거리를 잴 때 쓰던 주척周尺도 20센티미터가 넘었다. 어쨌든 다른 사람보다 키가 유독 컸던 것은 확실하다. 거기다 짙은 눈썹에 배가 불룩 튀어나왔으니 눈에 안 띌 수 없었다.

외모만 특이했던 것이 아니라 손재주도 좋아서 하루에 망건 하나를 만들고, 사흘이면 갓 하나를 완성했다. 그렇게 만든 망건은 하나에 100문文, 갓은 800문에 팔았다. 100문이 엽전 1냥이었다. 1냥의 가치는 시대마다 다르지만 대략 쌀 한 섬에 다섯 냥이었으니 적은 가격은 아니었다. 거기다 재료비 말고는 크게 들어가는 돈이 없었으니 먹고살기에 부족하지 않았다.

조석중은 전국을 떠돌 때 늘 부대자루를 두 개 매고 다녔다. 그가 건곤낭乾坤囊이라고 부른 이 부대자루에는 갓과 망건을 만드는 도구와 재료, 이불과 옷가지가 들어 있었다. 특이한 외모에 솜씨 좋은 망

〈입공〉, 김준근, 서울역사박물관 소장. 조석중은 그림과 같이 갓과 망건을 만드는 입공이었는데 갓과 망건을 팔아 부를 축적하는 대신 가난한 이웃에게 기부하여 명성을 떨쳤다.

건장이인 그가 사람들의 눈길을 끄는 건 당연했다. 하지만 정작 그가 사람들의 기억에 남게 된 것은 다른 이유 때문이었다.

선행을 베풀다

조석중은 술을 즐겨 마시고 배포도 커서 남과 잘 어울렸으며, 친구와 한 약속을 매우 소중하게 여겼다. 대개 술을 좋아하고 마음씨가 좋으면 오지랖도 넓은데, 이런 그를 유명하게 만들어준 것은 다름 아닌 기부였다.

　조석중은 갓과 망건을 팔아서 번 돈으로 가난한 이웃을 도왔다. 아무리 전국을 떠돌면서 일한다고 해도 돈을 벌면 편안하게 쉴 수 있는 집을 사고 싶어하는 건 당연한 일이다. 그리고 발품을 팔지 않고 일할 수 있는 작업장도 하나 얻는 게 보통 사람들의 꿈이자 계획이었다. 하지만 그는 자기 대신 남을 위해 돈을 아낌없이 썼다. 그때는 지금과 달리 사회보장제도라는 개념 자체가 없었고, 조선 후기로 갈수록 가난하고 굶주린 백성이 늘어났으니, 그의 도움이 필요한 사람들은 도처에 넘쳐났을 것이다. 이렇게 기부한다고 해서 누가 알아주지도 않았을 텐데 참으로 대단하다는 말 밖에는 나오지 않는다.

　가끔 들려오는 훈훈한 소식들 중 가장 눈에 들어오는 것은 자기 자신도 어렵고 힘들면서 더 어려운 이웃을 위해 기부하는 사람들 이야기다. 배고픔을 겪어봤기 때문에 다른 사람의 고통을 그냥 지나치지 못하는 것일까? 조석중도 그런 인물이었을 것이다.

재세미륵불

누군가는 아낌없이 선행을 베푸는 그에게 쓸데없는 짓 하지 말고 착실하게 돈을 모으라고 충고했을 것이다. 하지만 그는 자신에게 써야 하고 마땅히 누려야 할 것들을 줄이고 희생하면서 남을 돕는 일을 멈추지 않았다. 조선시대에는 일반 백성이 구휼을 하면 신분을 올려주거나 명예직이긴 하지만 관직을 주기도 했다. 하지만 조석중은 그런 혜택에는 눈도 돌리지 않았다. 성격이 화끈하고 술을 좋아하는데다가 남도 잘 도운 조석중이야말로 진정한 스타가 아니었을까 싶다.

그는 농담 삼아 자신을 현세에 나타난 미륵불인 재세미륵불在世彌勒佛이라고 칭했다. 미륵불은 석가모니가 열반에 들고 56억 7,000만 년이 지나면 나타난다는 부처님이다. 미륵불이 나타나면 모든 고통과 아픔이 사라지는 아름다운 세상이 온다고 한다. 따라서 미륵불은 현세에 고통받는 조선의 백성에게 꿈과 희망을 주는 존재였다. 도움을 받은 사람들에게 조석중은 정말 그런 존재였을 것이다.

미친 존재감
조선의 셀럽,
홍봉상

유명해지려면 실력뿐 아니라 행운을 비롯한 여러 가지가 필요하다. 우연찮게 텔레비전에 출연했다가 큰 인기를 끌거나 유행어 한마디로 인기 스타의 반열에 오르는 경우를 심심찮게 볼 수 있다. 하지만 로또에 버금가는 이런 행운을 제외하고는 일반인이 유명해지려면 뭔가를 오랫동안 하는 끈기가 필요하다. 텔레비전 기인열전에 등장하는 기인은 대부분 뭔가를 아주 오랫동안 한 이들이다. 시청자들은 그런 이들을 존경과 감탄의 눈으로 바라보기 마련이다.

홍봉상洪峯上은 뭔가를 이루거나 대단한 재주를 지녔던 사람은 아니다. 오히려 이야기를 듣고 나면 '이런 지지리 궁상'이라는 말이 자연스럽게 나올 법한 인물이다. 그는 다른 스타들과 달리 한 것이 거의 없었다. 단지 봄과 가을, 화창한 날 잔치가 열리고 풍악이 울려 퍼지면 어느새 나타나 맞은편 산꼭대기에 우두커니 앉아 있었다. 잔치에 끼어 실력을 뽐내거나 하는 것이 아니라 그냥 산꼭대기에 앉아 있을 뿐이었다.

잔치 구경을 하고 싶었을까? 망원경이 없던 시절이니 산꼭대기에 올라가면 아무것도 보이지 않았을 것이다. 한 가지 더 눈길을 끈 것은 한양은 물론 수십 리 떨어진 곳에서 벌어진 잔치판에도 어김없이 모습을 드러냈다는 점이다. 그때도 산꼭대기에 올라가 우두커니 앉아 있었다. 그렇게 항상 모습을 드러내자 이제는 그가 보이지 않으면 잔치를 연 사람들이 섭섭해 하거나 걱정할 지경이 되었다.

그렇다면 그는 대체 누구였을까? 조수삼趙秀三(1762~1849)은 그가 몰락한 양반 홍생이라고 설명했다. 여기서 생은 생원을 뜻하는 말이지만 실제 생원시에 합격했다기보다는 관례적인 높임말로 보인다. 그의 진짜 이름은 알려져 있지 않지만 사람들은 산꼭대기에 앉아 있다고 해서 홍봉상이라고 불렀다. 성이 홍씨인 이 양반은 왜 집에서 글을 읽지 않고 남의 잔치판이 내려다보이는 산꼭대기에 앉아 있었을까?

양반의 몰락

조선 후기에 들어서면서 몰락한 양반이 하나둘 나타났다. 잇단 전쟁과 당파 싸움의 여파 때문인데 우리가 알고 있는 것과 달리 조선의 양반은 확고부동한 신분계층이 아니었다. 과거에 합격해 관직에 진출해야만 양반이라는 지위를 유지할 수 있었다. 할아버지가 아무리 높은 관직에 올랐다고 해도 아버지와 자식이 관직에 나아가지 못하면

〈기로세련계도〉, 김홍도, 개인 소장. 김홍도가 환갑이 다 되어 그린 개성 지역 상인들의 잔치 모습. 홍봉상은 이런 큰 잔치가 있을 때 나타나 음식을 한 상 얻어먹고 홀연히 사라지는 것으로 유명했다. '조선판 셀럽(celeb)'이지 않았을까?

쇠락을 면치 못했다.

우리가 알고 있는 이순신 장군 집안도 할아버지와 아버지가 잇달아 과거시험에서 떨어지며 가문이 침체되기 시작했다. 결국 한양에서 살던 그가 장인이 사는 아산으로 내려가야 했고, 선비 출신인데도 늦은 나이에 무과에 응시해야 했던 것은 이런 시대상과 연관이 깊다.

이런 상황은 조선 후기가 되면서 더욱 심해졌다. 이런저런 이유로 양반 숫자는 늘어났지만 관직은 그대로였기 때문에 경쟁이 더욱더 치열해졌다. 심한 경우 과거에 합격하고도 오랫동안 관직을 받지 못하는 일도 일어났다. 이런 상황은 경화세족京華世族이라고 불리는 귀족화된 양반집단이 등장하면서 더욱 악화되었다.

경화사족이라고도 불리는 이들은 당파싸움의 최종 승자라고 할 수 있는 노론 계통 집안이 혼인 등을 통해 결합된 집단인데, 서로 결합하면서 권력을 장악한 것이다. 거기다 세도정치가 시작되면서 외척 집안인 안동김씨를 포함해 소수 가문이 권력을 완전히 장악해버렸다. 이들 집안 출신은 별다른 노력 없이도 관직에 진출하고 고위직을 지내게 되었다.

반면, 시골에서 사는 선비는 아무리 똑똑해도 과거에 합격해 출세하기가 불가능해졌다. 개천에서 용이 나는 신화가 소멸되었다. 이런 상황이 계속되자 별다른 기반이 없고 2~3대에 걸쳐 과거 합격자를 배출하지 못한 집안이 속출하면서 예전에는 상상도 못했던 일들이 벌어졌다.

단원檀園 김홍도金弘道(1745~?)가 그린 〈자리짜기〉에는 당시 양반의 상황이 묘사되어 있다. 그림에는 양반의 상징이라고 할 수 있는 말총으로 만든 사방관四方冠을 망건 위에 쓰고 팔을 걷어붙인 채 자리를 짜는 양반과 그 옆에서 물레를 돌리는 부인의 모습이 담겨 있다. 더는 책만 읽을 수 없는 현실을 그대로 포착해낸 그림이다. 부부 옆에는 윗도리만 입은 어린아이가 책을 읽고 있다. 팍팍한 상황 속에서도 자식에게 희망을 걸고 있다는 현실을 그대로 보여준다. 사실 이 정도만 해도 그나마 상황이 나았다고 할 수 있다.

조수삼이 쓴 《추재기이秋齋紀異》에는 길거리에서 구걸하는 복홍福洪이라는 거지의 사연이 나온다. 복홍은 낮에 구걸하다가 밤이 되면 빈집에 들어가 밤새워 《맹자》를 읽었다. 조수삼은 복홍이 몰락한 양반이 틀림없다고 단정했다. 돈을 받고 시를 지어주는 거지 이야기도 전해지는데 그 역시 글을 배운 양반이었을 것이다.

몰락한 양반은 이제 길거리를 전전하면서 구걸하거나 신분을 숨기고 잡일을 하는 수밖에 없었다. 당시로서는 장사와 농사가 가장 안정적인 직업이었지만 빈손인 양반에게는 장사 밑천이나 농사를 지을 땅이 있을 리 없었다.

그가 산꼭대기에 올라간 이유

홍봉상 역시 그런 부류로 보인다. 굶주리는 가족을 위해 뭔가 해야 했지만 아무것도 할 수 없었던 모양이다. 밑천이나 기술이 없으면 할 수 있는 일이 별로 없었다. 그렇다고 구걸까지 할 배짱은 없었는지 남들이 하지 않는 기상천외한 방법을 썼다. 바로 잔치판을 돌아다니는 것이었다. 잔치판을 기웃거리면 그나마 먹을 것을 구하기 쉬웠기 때문이다. 하지만 마지막 남은 양반의 자존심상 직접 구걸하지는 못했다. 게다가 그때를 노린 것은 홍봉상뿐만은 아니었기 때문에 경쟁도 치열했다.

그가 선택한 차선책은 잔치판이 훤히 보이는 산꼭대기에 앉아 있는 것이었다. 그리고 잔치판을 벌이는 사람들이 자신을 봐줄 때까지 기다린 것이다. 남들이 알아줄 때까지 얼마나 많은 시간 굶주림을 참으며 산꼭대기에 앉아 있었는지는 아무도 모른다.

그런 기구한 사연이 있었지만 어쨌든 산꼭대기에 앉아 내려다보는 그의 존재는 잔치에 빠져서는 안 될 이벤트가 되었다. 그가 나타나면 잔치판의 기생이나 악공, 손님들은 다 같이 외쳤다.

"저기 봐. 홍봉상 어르신이 나타났다!"

그리고 사람들을 시켜서 술과 음식을 보냈다. 그러면 홍봉상은 굶주린 배를 채우고 조용히 사라졌다. 홍봉상은 어떤 의미에서는 당대 조선의 아픔이나 어둠을 상징적으로 보여준다. 자존심과 배고픔 사이에서 그는 산꼭대기에 앉아 있는 것을 선택했고, 사람들은 신선한 방식으로 존재감을 알린 그에게 환호를 보냈다. 존재감 자체로 메시지를 보낸 것이다.

열네 살 소녀의
전국일주,
김금원

순조 17년(1817) 태어난 김금원金錦園의 삶은 당시로서는 파격적이었다. 겨우 열네 살 때 여행을 떠났기 때문이다. 그녀는 3월에 고향 원주를 떠나 제천과 단양을 거쳐 금강산에 도착했다. 그리고 구룡폭포 같은 명승지를 둘러보고 고성과 양양을 거쳐 동해안 명승지인 관동팔경關東八景*에 이르렀다. 이어 설악산을 둘러보고는 내친 김에 한양까지 와서 구경하고 고향으로 돌아갔다.

조선시대 여성들은 문 밖 출입을 하기가 쉽지 않았다. 관리들은 아예 남녀가 다니는 길을 따로 만들자고 할 정도로 여성들이 밖으로

• 관동팔경은 고성의 청간정과 삼일포, 강릉의 경포대, 삼척의 죽서루, 양양의 낙산사, 울진의 망양정, 통천의 총석정, 평해의 월송정을 가리킨다.

나가는 걸 싫어했다. 남자들의 이런 시선이 아니라도 여성들이 먼 길을 떠날 수 있는 여건이 아니었다. 기껏해야 농사를 짓는 논밭, 시장이 열리는 읍내 정도가 한계였고, 대부분 그런 삶에 별다른 의문이나 불만을 가지지 않았다. 그렇다면 그녀는 왜 문 밖으로 나가려고 했을까?

유일한 단서는 김금원이 훗날 쓴 시집인 《호동서락기湖東西洛記》에서 찾아볼 수 있다. 여자로 태어나 불행하고, 빈한한 집안에서 태어나 안타깝다고 술회한 그녀는 직접 보지 못하면 세상의 이치를 깨닫지 못하니, 돌아보지 않으면 지혜와 식견을 넓히지 못한다고 이야기했다. 그래서 아무것도 남기지 않고 세상을 떠난다면 그것이야말로 정말 불행한 일이라고 했다.

코끼리를 본 사람과 보지 않은 사람이 생김새를 놓고 싸우면 보지 않은 사람이 이긴다는 말이 있다. 이는 직접 보지 못한 것에서 오는 편협함과 고집스러움의 폐해를 보여주는 것이다. 호기심이 유달리 많았던 그녀는 직접 눈으로 보는 것으로 세상을 향한 지혜를 넓혀가고자 했다.

열네 살 소녀의 눈에 비친 조선

맨 처음 본 제천 의림지에서는 삼국시대에 만들어졌다는 전설과 함께 펼쳐진 넓은 연못에서 눈을 떼지 못했다. 그리고 배를 빌려서 백어白魚라는 물고기를 잡아 회로 먹었다는 기록을 남겼다.

현지에서밖에 먹을 수 없는 회로 입맛을 돋운 그녀는 영춘에 가서는 아주 오래된 동굴인 금화굴과 남화굴을 구경했다. 그리고 마침내 금강산으로 향했다. 조선 사람들은 물론 중국 사람들조차 평생 한 번 돌아보는 것이 소원이라는 금강산에 온 것이다.

사대부 중에는 금강산에 온 이들이 제법 있지만 여성 중에는 김금원을 제외하고는 김만덕金萬德이 유일했다. 제주 기생 출신인 김만덕은 흉년이 심하게 들었을 때 모은 돈을 풀어 사람들을 굶주림에서 벗어나게 해주었다. 소식을 들은 정조가 원하는 것을 묻자 그녀는 금강산 유람을 하고 싶다고 말했다.

김만덕의 유람이 조정의 지원 아래 이뤄졌다면 김금원의 여행은 철저히 혼자 계획하고 진행되었다. 금강산에 이어 동해안을 따라 관동팔경을 둘러본 김금원은 설악산을 거쳐 한양으로 향한다. 남산에 올라 한양을 내려다보고 창의문 밖으로 나가서 인조반정을 모의한 세검정도 둘러봤다. 그리고 고향으로 돌아왔다. 열네 살 소녀의 모험이 막을 내린 것이다.

그녀가 자세히 밝히지 않아서 어떤 방식으로 여행했는지는 알 수 없지만 조선시대는 남자건 여자건 여행을 다니기에는 최악의 환경이었다. 도로는 없다시피 했으며 숙박시설도 없었다. 드라마에 나오는 주막집은 술과 음식을 파는 곳이지 숙박을 책임지는 곳은 아니었다.

주막에서는 봉놋방이라고 하는 큰 방에서 다른 사람들과 함께 잠을 자야 했다. 물론 지방을 오가는 관리들을 위해 교통수단인 말과 숙박시설을 제공하는 역참驛站이 있었지만 김금원 같은 여성은 이용할 수 없었다. 그녀는 남장을 하고 여행을 다녔다고 적었지만 어떤 방식으로 다른 사람의 시선을 피해 여행했는지는 자세히 적어놓지 않았다. 그녀에게 별로 중요한 문제가 아니었기 때문으로 보인다.

김금원이 맞이한 운명

한양까지 둘러본 그녀는 고향 원주로 돌아왔다. 그리고 곧장 관청에 속한 기생인 관기官妓가 되었다. 다소 뜬금없는 전개인데 김금원이 집안 내력을 전혀 밝히지 않았기 때문에 더더욱 의문에 싸여 있다. 기생 호적에 올라 있어야 관기가 될 수 있다는 점을 감안하면 보통 집안은 아니기 때문이다. 그녀의 여행이 가능했던 이유도 관기가 될 예정이었기 때문이었을지도 모른다. 어쨌든 사대부 집안이라면 어린 딸에게 여행을 허락할 리가 없었다.

관기가 된 금원은 시를 잘 짓는 것으로 이름을 떨쳤다. 그래서 남공철南公轍(1760~1840) 같은 이름난 사대부들은 물론 여항시인閭巷詩人과도 어울려 교류했다. 그러다가 경주김씨 집안 김덕희金德喜의 소실이 되었다. 어떤 과정을 거쳤는지는 알 수 없지만 그것으로 그녀 운명은 또다시 소용돌이쳤다. 의주부윤으로 부임한 김덕희를 따라갔다가 임기를 마친 그를 따라 한양으로 온 것이다.

시를 짓는 여인들

열네 살 때 와본 한양을 다시 오게 된 그녀는 관직에서 물러난 남편의 소실로 조용하게 삶을 이어갔다. 그러면서 용산에 있는 삼호정三湖亭이라는 정자에서 삼호정시사三湖亭詩社라는 시회詩會를 열었다. 지

〈부녀자의 나들이〉, 신윤복, 《행려인물도》, 국립중앙박물관 소장
(왼쪽). 〈놀란 나그네〉, 김홍도, 《행려풍속도병》, 국립중앙박물관
소장(오른쪽). 두 그림에서 조선 시대 남녀의 여행 모습을 비교
해볼 수 있다. 당시 여성들은 문 밖 출입조차 어려웠는데 김금
원은 열네 살에 여행을 떠났으니 놀라운 일이다.

금의 용산성당 자리에 있던 삼호정은 강 풍경을 내려다볼 수 있어서 시회를 열기에는 적격이었다. 회원은 그녀가 기생 시절부터 인연이 있던 운초와 경산, 죽서, 경춘이었는데 이 중 경춘은 김금원의 여동생이다. 그녀가 활동하던 19세기에 시를 짓는 모임인 시회는 사대부는 물론 중인과 평민, 심지어 노비까지 만들 정도로 인기를 끌었다.

중인의 대표적 시회인 송석원시사松石園詩社는 엄청난 규모를 자랑할 정도였다. 하지만 신분 여하를 막론하고 모두 남성이라는 공통점이 있었다. 삼호정시사는 남성의 전유물이었던 시를 여성도 지을 수 있다고 선언한 것이나 다름없었다. 물론 허난설헌許蘭雪軒(1563~1589) 같은 사대부 여성이나 기생들은 시를 짓기도 하고 시집을 펴내기도 했다. 하지만 여성들이 남성들처럼 모여서 시를 짓고 품평하는 시회를 연 것은 삼호정시사가 처음이었다.

당연히 한양에서는 이런 신기한 모임에 대해 많은 이야기가 오고 갔다. 《추재기이》나 《호산외기壺山外記》 같은 여항문인閭巷文人의 삶을 다룬 책에는 삼호정시사의 활약상은 나오지 않지만 당대 저명한 시인들 사이에서는 확실한 존재감을 자랑했다. 김금원이 《호동서락기》를 쓴 것도 이 시점이었다. 여행기를 쓴 것이 아니라 삼호정시사에서 만들어진 시들을 적으면서 자기 여행담을 끼워넣는 형식이었다.

자식이 없던 그녀는 나중에 사람들이 자기를 기억하지 못할까봐 두려워했다. 그녀가 《호동서락기》를 완성할 즈음 삼호정시사는 사실상 해체되었다. 시회 구성원인 여성들이 외직으로 나간 남편을 따라가거나 세상을 떠났기 때문이다. 그녀의 삶 역시 1853년 남편 김덕희가 숨을 거두면서 같이 끝났다.

김금원은 김덕희의 친척이자 당대의 문장가 김정희가 감탄할 정도로 뛰어난 제문을 지었다. 그리고 그녀의 삶은 역사 속으로 사라졌다. 남편이 죽은 뒤 정든 삼호정을 떠나야만 했기 때문이다. 소실이었던 그녀에게는 아무런 권리가 없었다. 이후 그녀 삶은 송두리째 사라져버렸다.

늙은 몸을 이끌고 고향 원주로 돌아갔을지, 아니면 조용한 곳에 은거하며 남편과 삼호정시사를 추억하면서 살았는지는 알 수 없다. 하지만 그녀의 삶과 시는 온전히 남았다. 그녀가 동료들과 함께 지은 《호동서락기》는 한말과 일제강점기를 거치면서 계속 출판되었고, 많은 사람이 읽고 기억했다.

귀신을
씹어 먹으리라,
엄 도인

오늘날 무당은 전근대사회의 유산이나 미신의 대명사로 인식된다. 하지만 조선시대의 무당은 백성들의 의사와 상담자 역할을 했으며, 살아가는 데 반드시 필요한 존재였다. 당장 나라에서도 흉년이 들면 공자와 맹자를 찾는 대신 무당이나 장님으로 하여금 비를 내리게 해달라고 하늘에 제사를 지내게 했다.

과학이 발달하지 않았던 시대에는 신에게 의지하는 것이 가장 큰 해결책이었기 때문에 신과 소통하는 무당에게 의지하는 건 당연한 일이었다. 과학기술이 발달한 오늘날에도 여전히 사람들은 점을 치니 조선시대에는 어땠을지 짐작해 볼 수 있다.

조선시대 백성은 주변에 해괴한 일이 벌어지거나 가족이 갑자기 아프면 무당을 찾아가 굿을 하는 게 아주 당연했다. 지금처럼 건강보험

같은 게 있을 리 없었기 때문에 의원은 부르기도 어렵고 약값도 감당하기 어려웠다.

설사 의원이 와도 못 고치는 병이 너무 많았으므로 무당을 부르는 걸 선호했다. 나쁜 귀신이 달라붙어 병이 생겼다는 믿음이 보편적이었기 때문이다. 하지만 나쁜 귀신이 달라붙었다면 굿으로도 해결되지 않았다. 이런 상황이 되면 귀신 잡는 퇴마사 엄 도인嚴道人이 나섰다.

무당과는 다른 퇴마사

강원도 영월 출신인 그는 본래 무사였다고 한다. 엄씨라는 성만 전해지고 이름은 알려지지 않은 걸 보면 높은 집안 출신은 아닌 것 같다. 무사라고는 하지만 관직에 오른 적이 있으면 무관이라고 했을 것이므로 관직을 가진 적도 없는 것 같다. 엄 도인은 별 볼일 없는 모습이었지만 천문을 읽고 풍수에 해박했으며 관상도 잘 봤다. 한마디로 무사라기보다는 역술인이자 지관 쪽에 가까웠다. 하지만 이런 재주를 모두 압도하는 진짜 재능이 있었으니 바로 귀신 잡는 퇴마사였다는 것이다.

정체 모를 귀신에게 괴롭힘을 당하던 백성들이 도움을 요청하면 엄 도인은 관을 쓰고 도복을 입은 채 현장에 출동했다. 그리고 칼을 휘둘러 귀신을 항아리 속에 몰아넣고 붉은 부적으로 입구를 봉해서는 먼 바다에 가져가 던져버렸다. 잔챙이 귀신들은 귀찮게 항아리 안에 넣어 봉하지 않고 그냥 씹어 먹었다. 그러면 입술에서 붉은 피가 흘러나왔다. 그런데 이런 설명만 들으면 나이가 좀 있는 분들은 어디서 봤더라 하며 고개를 갸웃거릴 것이다. 1980년대 우리나라에서 큰 인기를 끌었던 홍콩영화 〈강시선생〉이나 〈영환도사〉에 나온 퇴마사가 딱 이런 모습이었다.

난폭한 귀신들

장화와 홍련으로 대표되는 우리나라 귀신은 다른 나라 귀신과 달리 공권력을 잘 따랐다(?). 그래서 억울함을 호소하려면 한밤중에 사또를 찾아갔다. 문제는 귀신인 장화와 홍련을 보고 놀란 사또들이 연달아 죽었다는 것이다. 단지 사람이 놀라서 죽었을 뿐 귀신은 절대 사람들을 해치지 않았다.

그리고 배짱이 두둑한 사람을 만나면 억울한 사연을 하소연하고 조용히 사라질 뿐이었다. 귀신이 되었다고 사람을 해치거나 바로 복수하는 대신 공권력에 호소하는 준법정신을 지킨 것이다. 간혹 성격이 까칠한 귀신이 나타난다 해도 무당이 굿을 하면서 사연을 들어주고 달래주면 물러갔다.

하지만 엄 도인은 칼을 들고 나타나서 귀신과 싸웠고 씹어 먹기까지 했다. 갑자기 귀신들이 사나워지기라도 했을까? 아니면 중국에서 나쁜 귀신들이 몰려왔을까? 그것도 그렇지만 강원도 영월이라는 외딴곳에 살던 엄 도인은 청나라로 유학을 갔다 온 것 같지도 않은데 대체 어디서 이런 퇴마술을 배웠을까? 궁금한 점이 한두 가지가 아니지만 아쉽게도 단서가 될 만한 기록이 보이지 않는다.

〈무녀신축〉, 김준근, 서울역사박물관 소장. 조선시대에는 집안에 흉한 일이 생기면 무당을 불러 굿을 했지만 굿으로도 물러가지 않는 나쁜 귀신은 엄 도인 같은 퇴마사가 나서서 해결해야 했다.

엄 도인에 대한 기록이 남아 있는 《추재기이》는 조수삼이 젊은 시절 직접 봤거나 소문으로 들은 것들만 엄선해서 엮었다. 따라서 엄 도인 역시 한양에서 활약했거나 그 소문이 흘러서 조수삼 귀에까지 들어갔을 것이다.

어느 쪽이든 낯선 복장을 하고 칼을 휘두르며 귀신과 싸우던 엄 도인은 몹시 색다르게 보였을 테고 그 때문에 큰 사랑을 받았다. 기괴하고 과격해 보이기는 하지만 어쨌든 귀신을 물리쳐주는 고마운 존재였으니까 말이다.

줄을 서시오
침술의 달인,
백광현

백광현白光炫은 본래 의원이 아니라 말을 고치는 수의사, 즉 마의馬醫
였다. 마의는 왕실의 말과 수레를 관리하는 관청인 사복시司僕寺에 속
한 잡직雜職(하급관직)으로, 제일 낮은 품계인 종9품 관리였다. 조선시
대에는 말이 많았으므로 사복시 외에 민간에도 마의가 있었을 것이
다. 백광현도 흔히 볼 수 있는 마의들 중 한 명이었을 것이다.

　그는 풍채가 좋았지만 집안이 가난해서 낡은 옷을 입고 항상 남에
게 뭔가를 빌려야만 하는 처지였다. 그런 백광현을 업신여긴 무뢰배
가 종종 시비를 걸었지만 그는 화내거나 짜증내지 않고 웃어 넘겼다.
그가 어떤 과정을 거쳐 마의가 되었는지는 알려져 있지 않다.

　마의는 잡직이긴 하지만 상당한 기술이 필요한 직업으로 아무나
할 수 있는 게 아니었다. 그가 사복시에 속한 마의라는 기록은 찾아

볼 수 없으니 거리를 오가다가 어떤 계기로 말과 접하게 된 것이 아닌가 싶다. 다른 기록에는 본래 말을 타는 무사였다고 했으니 이것과 연관이 있을지도 모른다.

어쨌든 말이 자주 앓던 병이 바로 종기였다. 그걸 고치려면 침針을 놔야 했는데 사람처럼 혈자리를 알아야 했다. 조선시대 말은 오늘날의 승용차 같은 귀한 존재였으니 말을 치료하는 일은 매우 중요했다. 그래서 나라에서는 마의를 양성했고, 민간에도 이런저런 형태로 말을 고치는 기술이 전파되었다.

조선의 무서운 질병, 종기

그렇게 많은 마의 중 한 명이었던 백광현이 어떤 과정을 거쳐 사람을 고치는 의원이 되었는지는 알 수 없다. 확실한 건 그가 사람에게 침을 놓게 되면서 많은 사람의 목숨을 구했다는 것이다. 그렇다면 의학을 체계적으로 배웠을 리가 없는 백광현은 어떻게 의원 노릇을 할 수 있었을까? 그 비밀은 바로 침에 있다. 말에 놓던 침을 사람을 대상으로 쓴 것이다.

물론 말을 잘 고친다고 사람을 잘 고칠 수 있는 건 아니다. 백광현이 고치려고 도전했던 병은 바로 종기였다. 종기는 오늘날에는 찾아보기 힘들지만 조선시대에는 많은 사람의 목숨을 위협하는 치명적 질병이었다.

종기는 피부에 난 털구멍을 통해 감염되면서 시작된다. 감염이 진행되면 노란 고름이 생겨나는데, 이것이 일정 크기 이상으로 모이면 종기가 된다. 종기는 얼굴이나 목, 겨드랑이나 사타구니같이 땀이 많이 나거나 습기가 많은 곳에 주로 생겼다. 조선의 임금들도 종기 때문에 엄청 고생했고, 심지어 목숨까지 잃은 경우도 있다. 조선에서 의원들의 보살핌을 가장 잘 받고, 최고의 약으로 치료받은 임금조차 종기를 이기지 못했으니 백성들 처지는 두말할 나위가 없었다.

　문제는 종기 자체가 아니었다. 몸에 종기가 생겼다는 것은 면역력이 떨어졌다는 것을 의미했다. 따라서 종기가 생겼다가 다른 병이 생기면서 급기야 목숨을 잃는 경우가 많았다. 종기는 생기자마자 짜내거나 터뜨리면 될 것 같지만 잘못 다루면 더 큰 종기가 생겨날 수 있었다. 가장 좋은 방법은 적당한 시간까지 기다렸다가 침으로 터뜨리는 것이었다. 하지만 이 방법도 종기의 뿌리까지 없애지는 못했으므로 재발 위험이 있었다. 그래서 종기는 죽음을 부르는 병이라고 불리면서 두려움의 대상이 되었다.

　말의 종기를 치료하던 백광현은 어떤 생각으로 치료 대상을 사람으로 바꾸었을까? 혹시 효과가 있을까 싶어 놓은 침이 효험을 보이면서 자신감을 갖고 나서지 않았을까? 그의 침이 종기에도 효과가 있다는 소문이 퍼지면서 차츰 찾아오는 사람들이 늘어났다.

신의라고 불리다

단순히 침을 놓는 것만으로는 종기를 치료할 수 없다. 남겨진 기록을 토대로 추측해보면 백광현이 종기를 치료한 방법은 전통적 방식이 아닌 마의 경험을 살린 자기만의 독창적인 것으로 볼 수 있다. 그의

목침통, 국립민속박물관 소장(왼쪽). 은침과 침통, 국립민속박물관 소장(오른쪽). 원래 마의였던 백광현은 침으로 종기를 치료해 명성이 자자해지면서 내의원 어의로 발탁되기까지 했다.

종기치료법은 과격하면서도 간단했다. 큰 침을 가지고 종기를 찢은 다음 뿌리를 제거하는 방식이었다. 종기를 찢을 만한 큰 침이라고 했으니 피침鈹針을 사용한 것으로 보인다. 파침破針이나 비침鈚針으로도 불리는 피침은 끝부분이 칼처럼 생겼는데, 종기를 찢을 때 사용한다. 종기를 터뜨려 고름을 제거하고 침 끝으로 종기 뿌리를 긁어내는 방식이 아니었을까 싶다.

간단해 보이는 방법이지만 섣불리 종기를 터뜨렸다가는 오히려 상태를 악화시킬 수도 있고, 살갗을 잘못 건드려 상처를 낼 수도 있었다. 따라서 다른 의원들은 이런 방법을 시도할 엄두도 내지 못했는데 사람보다 가죽이 더 두껍고 질긴 말의 종기를 치료한 경험이 풍부했던 백광현에게는 가능한 일이었다. 물론 초기에 사고가 종종 나기도 했지만 오랜 경험을 축적하면서 명성을 얻을 수 있었다.

사람들은 다 죽어가던 환자의 종기를 터뜨려서 감쪽같이 목숨을 살려내는 그의 모습에 열광했다. 종기를 잘 치료한다는 명성을 듣고 사방에서 환자들이 몰려왔다. 백광현은 그렇게 몰려드는 환자들에게 싫은 내색 한 번 하지 않고 성심껏 치료해줬다. 조선시대에도 보통 사람들에게 의원은 어려운 존재였다. 그래서 사람들은 실력이 뛰어나면서도 겸손함을 잃지 않은 그를 신의神醫라고 부르면서 칭찬을 아끼지 않았다.

내의원이 되다

종기를 잘 치료한다는 소문이 마침내 궁궐까지 들어가게 되었다. 궁궐로 불려간 백광현은 임금인 현종顯宗의 어머니 인선왕후仁宣王后의 발목에 난 종기를 치료했다. 그리고 현종의 목덜미에 난 종기도 치료함으로써 명성을 입증했다.

그렇게 임금과 왕족의 종기를 잘 치료한 공로를 인정받은 백광현은 마침내 왕실의 치료를 맡은 관청인 내의원內醫院 어의御醫로 발탁되었다. 가난해서 항상 남에게 뭔가를 빌려야 했던 미천한 마의에서 일약 옥체를 책임지는 어의가 된 것이다. 오늘날 기준으로 봐도 정말 대단한 성공이었고, 그 당사자가 누구에게나 친절한 의원이었으므로 백성은 자기 일처럼 기뻐했다.

백광현은 어의가 된 뒤에도 겸손함을 잃지 않고 가난한 환자들을 정성껏 돌봤다. 그가 오늘날까지 기억되는 것은 실력이 뛰어났기 때문이기도 하지만 출세를 거듭하는 와중에도 환자들을 성심껏 돌보는 자세를 보였기 때문이다. 그는 종기를 앓는 환자를 보면 신분 고하를 막론하고 온 힘을 다해 돌봐줬다. 그리고 환사 상태가 나아지는 것을 보고서야 치료를 멈췄다.

백광현은 계속 승승장구하면서 숙종 때는 포천현감抱川縣監으로 임명되었고, 품계는 종1품 숭록대부崇祿大夫에 이르렀다. 한때 헐벗은 채 길거리를 배회하던 그가 마의를 거쳐 어의가 되고, 관직에까지 오르는 최고 영광을 누리게 된 것이다. 조선시대에는 명의로 이름을 떨친 의원들이 적지 않았다. 하지만 임금과 왕실을 치료하는 어의로 활동하면서 백성들 돌보기를 외면하거나 명성을 누리면서 돈을 탐내는 모습을 보였다.

하지만 백광현은 초심을 잃지 않고 항상 공손하게 환자를 대했다. 그래서 병자가 청하면 신분에 상관없이 찾아가 최선을 다해서 치료했다. 나이가 들고 귀한 몸이 되었다고 병자들을 외면하지 않은 것이다.

백성들은 그런 그에게 열광했다. 천한 이들을 외면하던 사대부들도 다투어 그의 아름다운 일화를 기록으로 남겼다. 그래서 백광현이 죽자 종기에 걸린 사람들이 하나같이 그가 없으니 살아남기 어렵다고 한탄했다.

과거 입시 전문
스타 강사,
정학수

조선은 엄격한 신분제 사회였다. 갑오경장甲午更張 때 노비제도가 폐
지된 뒤에도 오랫동안 사람들은 양반과 상놈을 구분했다. 엄격한 신
분제 사회인 조선에서 노비가 감히 글을 배우는 것도 모자라 양반을
가르치는 게 가능했을까? 결론부터 말하면 가능했다. 심지어 존경의
대상이 되기도 했다.

　믿기지 않는 이 이야기의 주인공은 정학수鄭學洙다. 그는 요즘으로
치면 국립대학이라고 할 수 있는 성균관成均館의 허드렛일을 하는 수
복守僕이었다. 고려 충렬왕 때 학자로 이 땅에 성리학을 도입한 안향
安珦은 성균관에 노비 100여 명을 기증했다.

　고려가 망하고 조선이 세워지면서 개성에 있던 성균관은 새로운
도읍 한양, 즉 오늘날 종로구 명륜동 일대로 옮겨졌다. 그래서 개성

에서 일하던 성균관 노비들도 함께 따라오게 되었다. 그들이 집단으로 거주한 곳을 반촌泮村이라고 불렀는데 성균관을 반궁泮宮이라고 부르는 데서 유래했다.

이들은 반촌에 산다고 해서 자연스럽게 반인이라고 불렸는데 여러모로 흥미로운 모습을 보여줬다. 일단 이들의 자손은 무조건 성균관에서 일해야 했다. 노비 신분에다가 개성에서 옮겨온 이방인이었던 상황에 다른 일을 할 수 없었기 때문에 외부인과는 교류가 자연스럽게 끊어졌다. 그러면서 이들은 나름대로 독특한 문화와 관습을 유지할 수 있었다.

성균관에서 공부했던 양반들은 개성 사투리가 섞인 반인들의 말투를 신기해했다. 조정에서는 성균관 유생에게 공급한다는 명목으로 반촌에서만 특별히 소 도살을 허용했다. 이는 농사에 필요한 소 도살을 금지했던 당시 상황에 비춰보면 대단히 이례적인 일이었다. 반인은 대대로 노비 신분이었지만 성균관에서 일한다는 이유로 아무도 쉽게 대하지 못했다.

오늘날 명동성당이나 조계사 같은 종교시설이 치외법권 비슷한 대접을 받는 것처럼 성균관과 수복들이 사는 반촌 일대는 공권력이 쉽사리 들어가지 못했다. 심지어 도둑을 잡으러 들어갔던 포도청 포교가 오히려 파직되는 일도 있었다. 이렇게 칼을 잘 다루고 성균관에서 일한다는 배경까지 겹치면서 반인은 보통 사람들 눈에는 대단히 이질적인 존재로 보였다.

성균관 노비의 나날

성균관에서 허드렛일을 하던 수복 정학수가 어떻게 양반을 가르칠 정도로 학식을 쌓게 되었는지는 알 수 없다. 성균관 유생들의 어깨 너머로 자연스럽게 글을 깨우치지 않았나 싶다. 반촌의 또 다른 역할은 성균관 유생들의 숙소로 사용되는 것이었다.

본래 성균관 유생들은 모두 기숙사격인 동재와 서재에 머물러야 했지만 인원이 넘치면 반촌에서 머물렀다. 다산茶山 정약용丁若鏞(1762~1836)이 반촌에서 머물며 이승훈과 함께 천주교를 공부한 적이 있을 정도로 유생과 반인의 관계는 밀접했다. 아마 이 과정에서 정학수가 글공부를 하게 되었고, 자연스럽게 수준 높은 학문을 익히지 않았나 싶다. 그렇게 나날이 명성을 얻은 그는 반촌 사람들에게 존경받았다.

성균관에서 노비의 나날을 보내면서 체득한 학문은 날이 갈수록 깊어졌다. 그리고 마침내 성균관 동쪽으로 오늘날 명륜동과 혜화동 일대인 송동宋洞이라는 곳에 서당을 열고 학생들을 가르치게 되었다. 그의 실력을 알고 있던 주변 사람들이 권유했을 것으로 보인다. 송동은 조선 후기를 대표하는 유학자 송시열宋時烈(1607~1689)이 살았던 곳이라 그의 성을 따서 이름 지어진 마을이라는 전설이 있을 정도로 성리학의 뿌리가 깊은 곳이었다.

지금도 그가 살았다고 전해지는 집터 바위에는 증주벽립曾朱壁立이라는 글자가 새겨져 있다. 성리학의 성현이라고 일컬어지는 증자와 주자가 벽에 서 있는 것처럼 학문을 익혀야 한다는 뜻이다. 이 글은

〈서당〉, 김홍도, 《단원 풍속도첩》, 국립중앙박물관 소장. 정학수가 차린 서당은 그림의 서당과는 차원이 달랐다. 수백 명이 한꺼번에 들어갈 수 있는 커다란 강당이 있었고, 수업시간이 시작되고 끝나는 것을 알리기 위해 경쇠라는 작은 종을 울렸다고 하니 요즘 인기 강사의 강좌에 수백 명씩 몰리는 것과 비슷하다고 할 수 있다.

이곳이 어떤 곳인지 알려주는 증거라고 할 수 있다. 그런데 이곳에 성균관 노비 정학수가 서당을 차린 것이다.

노비가 세운 서당

정학수가 송동에 세운 서당은 우리가 사극에서 보는 것처럼 자그마한 문간방이나 대청마루에 아이들 몇 명을 모아놓고 천자문을 읽는 수준이 아니었다. 수십, 수백 명이 한꺼번에 들어갈 수 있는 커다란 강당이 있었고, 수업시간이 시작되고 끝나는 것을 알리기 위해 경쇠라는 작은 종을 울렸으니 보통 규모가 아니었을 것이다. 요즘 인기 강사의 강좌에 수백 명씩 몰리는 것과 비슷하다고 할 수 있다. 그렇다면 대체 누가 성균관 노비에게 글을 배우려고 했을까?

놀라운 것은 그의 제자들 중 성균관에 입학해 과거에 합격한 이들이 한두 명이 아니라는 것이다. 게다가 그는 양반들과 교류했다. 성균관에서 공부했던 양반들이 그의 재능을 눈여겨보았다가 자식들 교육을 맡긴 게 아닌가 싶다. 그가 서당을 세운 곳이 성균관과 반촌 근처라는 점도 눈여겨볼 만하다.

조선시대 노비나 평민들 중 학문으로 명성을 떨친 사람은 많았지만 정학수처럼 노비 신분으로서 많은 양반가 자제를 가르친 예는 찾아볼 수 없다. 신분 차이를 뛰어넘어 교류하는 것과 자식 교육을 맡기는 것은 하늘과 땅 차이였기 때문이다. 무엇보다 노비 출신 선생에게 배웠다는 점은 평생 꼬리표로 따라붙을 수도 있었다. 그런데도 그에게 자식 교육을 맡긴 양반이 한두 명이 아니었다는 점은 그의 실력이 얼마나 뛰어났는지 짐작할 수 있게 하는 대목이다.

신분을 뛰어넘어 가르치다

성균관 노비 출신 훈장 밑에서 양반 자제들이 글을 배우고 그를 스승으로 모셨다는 사실은 당대에는 꽤나 이슈였다. 조수삼도 《추재기이》에 그의 고매한 인격과 학풍을 칭찬하는 글을 남겼으며 정 선생이라는 호칭을 썼다. 무식하다는 이유로 양반에게 구박과 업신여김을 당하던 민중에게 그는 영웅이었을 것이다. 양반들도 정학수의 천한 신분은 잠시 접어두고 아이들을 맡겼으니 오늘날로 치면 스타 강사라고 봐도 무방하겠다.

그의 이야기는 당대에 쉼 없이 오르내렸으며 심지어 죽은 뒤에도 그를 기억하는 이들이 많았다. 그것은 정학수가 단순히 잘 가르치는 스승이 아니었음을 의미한다. 그의 출신성분과 뛰어난 글솜씨가 어우러져 만들어낸 이야기가 오랫동안 사람들 마음속에 남아 있었다.

오늘날 유명강사는 수억 원대 수입을 올리고 스타 못지않은 인기를 누리는 것이 당연시되고 있다. 공부로 출세하거나 성공하고자 하는 욕망이 만들어낸 시대의 자화상이라고 할 수 있다. 양반이라면 무조건 과거를 봐야만 하고 그것이 유일한 성공이었던 조선시대에는 공부에 관한 한 오늘날에 절대 뒤지지 않았다. 이런 과열된 열기가 성균관 수복 출신 노비를 치켜세우는 또 하나의 원인이 되지 않았을까? 물론 정학수의 실력과 인격이 밑바탕이 되었겠지만 말이다.

벙어리
기둥서방,
최가

조선시대 양반들은 점잖았을 거라는 선입견이 있다. 공자와 맹자를
읽고, 유학을 생활의 도리로 삼았으니 당연한 일인지도 모른다. 하지
만 양반들도 남자였다. 여자들을 마음대로 할 수 있는 높은 지위에
있던 양반들은 얌전히 지내지 않았다. 조방꾼이라는 직업은 양반들
도 여자들의 육체를 탐하는 남자일 뿐이라는 사실을 일깨워준다. 관
청에 묶여 있던 관기들이 풀려나면서 기방妓房이 만들어졌다.

　귀족화된 양반들과 장사를 해서 막대한 돈을 번 상인들이 기방에
드나들면서 자극적이고 쾌락적인 유흥문화가 생겨났다. 이런 기방에
서 기생들은 눈웃음과 미소로 남자들의 애간장을 녹였다. 하지만 기
방은 위험한 곳이기도 했다. 기방에 드나들면서 돈을 마구 뿌린 남
자들이 본전을 뽑으려고 들었기 때문이다. 그래서 우리가 알고 있는

황진이 같은 기생처럼 시를 잘 짓는 것으로 칭찬받거나 이름을 남기는 일은 드물었다.

이곳에 오는 남자들은 오직 기생들의 아리따운 몸을 탐했을 뿐이다. 기방에 새로운 기생이 들어오면 일종의 신고식을 하게 되어 있었다. 이때 기생은 다리속곳 차림으로 남자 손님들 앞에 서 있어야 했다. 다리속곳은 조선시대 여성의 옷 가운데 가장 안쪽에 입는 것이었다. 그러면 남자 손님들은 음탕한 말을 주고받으면서 다리속곳을 벗겼다.

아무리 기생이라고 해도 많은 남자 앞에서 알몸을 보여주는 것은 쉬운 일이 아니었다. 이런 치욕스러운 일을 겪게 하면서 기생으로 하여금 남자들에게 알몸을 보여주고 성을 파는 일을 자연스럽게 받아들이도록 만들었다. 그러니까 이 시기 기방에서는 낭만 같은 것은 찾아보기 어려웠다.

이런 기방들은 임금과 왕실을 곁에서 보좌하는 대전별감大殿別監처럼 권력층과 연결된 세력의 보호와 지배를 받았다. 정치권에 줄을 댄 조직폭력배가 사창가와 오락실을 장악한 현대와 유사한 행태였다. 기생들 역시 좋은 물주를 만나려면 조방꾼의 도움이 필수적이었다. 거기다 오늘날처럼 여성 혼자 지낼 만한 환경이 아니었기 때문에 남성 보호자가 필요했다. 그러면서 유흥가에 기대서 살아가는 사람들이 생겨났다.

조선 후기로 접어들면서 양반들의 유흥문화는 오늘날을 뺨칠 정도로 타락의 극치를 달렸다. 지하경제와 연결된 향락산업처럼 나날이 발전했다. 조방꾼은 이런 유흥문화의 그림자로 나타난 새로운 직업이었다.

기둥서방, 매니저, 보디가드

조방꾼은 기생들의 뒤를 봐주는 기둥서방으로 볼 수 있다. 단순히 뒤를 봐주는 정도가 아니라 손님과 연결해주는 중개인과 보디가드 노릇까지 떠맡았다. 처음에는 대전별감같이 가까운 이들이 주로 조방꾼을 맡았지만 나중에는 다른 직업 없이 조방꾼만 전문적으로 맡는 이들이 생겨났다. 아울러 규모도 커져 기생을 한두 명이 아닌 수십 명까지 관리하는 이들도 생겨났다.

광대 달문도 한때 조방꾼 노릇을 했다. 박지원이 광문을 주인공으로 내세워서 쓴 소설 《서광문자전후書廣文者傳後》에는 조방꾼의 역할이 무엇인지 드러나는 대목이 있다. 광문이 분단이라는 기녀의 조방꾼 노릇을 하던 젊은 시절의 일화를 회고하는 형식이다.

풍원군豊原君*이 기녀 분단을 데리고 자는 동안 광문은 머리에 수건을 두르고 바깥 난간 아래 쭈그리고 앉아 있었다. 그러다 풍원군이 지게문을 열고 밖으로 침을 뱉으려다가 난간 아래 있는 광문을 발견하고는 화들짝 놀랐다. 놀란 풍원군이 분단에게 밖에 있는 자가 누구냐고 묻자 분단이 웃으면서 대답했다.

• 누구인지 나와 있지 않지만 영조의 측근인 조현명으로 추정한다. 영조가 세제世弟일 때 도움을 준 그는 이인좌의 난을 진압하는 데 공을 세워 풍원군이 되었다.

"어찌 대감께서는 천하의 광문을 모르시옵니까?"

그러사 비로소 안심한 풍원군이 광문을 불러들여 술을 내려주고는 가마를 타고 돌아갔다. 이걸 보면 조방꾼이 어떤 역할을 했는지, 그리고 왜 존재했는지 명확하게 알 수 있다. 오늘날 이른바 '보도방' 업주와 유사한 일을 했던 셈이다. 현대의 '보도방' 업주가 처벌과 비난의 대상이라면 조선시대 조방꾼은 유흥문화를 주도하며 당당한 스타 대접을 받았다는 것이 다르다.

말을 못하는 조방꾼

이렇게 양반과 돈 많은 남자들의 주머니를 노리고 길거리를 활보하던 조방꾼들 중 눈에 띄는 이가 있었으니 바로 벙어리 조방꾼 최가다. 말로 먹고살아야 하는 직업인 조방꾼이 벙어리라니 쉽게 믿기지 않는다. 따라서 그가 진짜 벙어리가 아니라 입이 무거운 것을 은유적으로 표현했다는 주장도 제기되고 있다. 실제로 그의 이야기가 전해지는 《추재기이》에는 용모가 아름답고 말솜씨가 빼어나다[善形語]는 이야기가 나온다. 따라서 실제 벙어리는 아닌 것으로 보인다.

조수삼의 《추재기이》에는 최가가 관기와 사창을 모두 부리는 인물로 묘사되었다. 그러니까 한양의 유흥가를 꽉 잡은 조방꾼 중의 조방꾼으로 보인다. 그렇다면 그는 어떤 과정을 거쳐 조방꾼이 되었을까? 일단 눈에 띄는 건 그가 최씨 또는 최가라고 불렸다는 점이다. 조선 후기 들어서는 보통 관직이 없어도 어른에게는 관례상 생원이라고 하는 경우가 많았다.

영조시대 활약했던 책쾌 조신선도 다들 조생원 또는 줄여서 조생이라고 불렀다. 하지만 그는 최씨 또는 최가라고 불린 것으로 봐서 일찌감치 조방꾼으로 나섰다고 봐야 한다. 그렇다면 벙어리라는 별명은 어떻게 해서 붙었을까? 그것은 그가 일생 동안 한 번도 약속을 어기거나 믿음을 저버린 적이 없다는 설명에서 답을 찾아야 한다.

벙어리라는 별명을 얻을 정도로 입이 무겁고 용모가 아름다워 어울리기에 부족함이 없었다는 것이 그를 최고 조방꾼으로 만들어줬다. 그는 예쁜 기생들을 찾아 헤매는 양반과 좋은 물주가 필요한 기생 모두에게서 사랑을 받았다. 약속을 잘 지켰다는 점은 손님의 부탁을 받으면 어떻게든 성사해줬다는 뜻이다. 그리고 그 일에 대해서는 어디 가서도 발설하지 않았으니 싫어할 사람이 있었을까?

그렇게 해서 받은 돈으로 옷을 잘 차려입고 부잣집 도령들과 스스럼없이 어울렸으니 단연코 사람들 눈에 띄었을 것이다. 성을 사고파는 것이 불법이 된 요즘의 기준으로 보면 범죄자였지만 당시에는 화류계를 주도하는 인물이었다. 아울러 든든한 배경도 없었던 것으로 보이는데, 그렇다면 오로지 실력만으로 인정받은 것이다. 거기다 돈까지 많이 벌었으니 선망의 대상이기도 했다.

그가 벙어리로 오해받거나 그런 별명을 얻게 된 또 다른 이유는 독특한 행동 때문이었다. 그는 길을 가다 사람을 만나면 손가락을 둥글게 해서 서쪽을 바라보거나 꽃가지를 잡고 웃었다. 그 모습을 본 사람들은 그게 무슨 뜻인지 추측하기 바빴다. 전자는 달의 아름다움을 설명하는 듯했고, 후자는 꽃보다 아름다운 기생이 있다는 표현을 한 것이 아닐까 싶다. 두 가지 사례뿐이긴 하지만 의사소통치고는 낭만적으로 보인다. 말을 못했던 것은 아니니까 수수께끼 같은 몸놀림으로 상대방 흥미를 돋우려고 했던 모양이다. 비록 조방꾼이라 해도 이렇게 낭만적인 사내였으니 싫어하는 사람들이 없었을 것이다.

오입쟁이 양반을
놀려먹다,
이중배

여기 조방꾼이 또 한 사람 있다. 바로 이중배李仲培다. 앞서 소개한 최가가 신의와 침묵으로 벙어리라는 별명까지 얻어가며 사람들의 인정을 받았다면 이중배는 또 다른 측면에서 사람들의 입에 오르내렸다. 그 역시 최가처럼 기생들의 기둥서방 조방꾼이었다. 우두머리라고 불린 것으로 봐서 상당한 수완가였던 모양이다. 그가 최가처럼 별다른 배경 없이 조방꾼으로 성공한 것을 보면 이쪽 방면으로 뛰어난 능력을 발휘한 것 같다. 하지만 그는 하룻밤 동안 일어난 일 때문에 조방꾼의 전설이 되었다.

어느 날, 이중배는 단골손님에게 은밀히 이야기했다.

"제가 이번에 정말 아름다운 기생을 데려왔습니다. 가히 경국지색이라고 할 만한데 열 냥만 내시면 그 기생과 하룻밤을 달콤하게 보낼 수 있게 해드리겠습니다."

이미 조방꾼으로서 명성을 떨치고 있는 이중배 이야기에 귀가 솔 깃해진 단골손님은 냉큼 열 냥을 내놨다. 그리고 약속한 날, 잔뜩 기 대에 부풀어 이중배가 알려준 기방을 찾아갔다. 문을 열고 들어서자 잘 차려입은 이중배가 그를 맞이했다. 기대에 찬 단골손님은 만면에 웃음을 머금은 이중배를 따라 안채로 향했다. 그곳에는 과연 이중배 말대로 은은한 등잔불이 켜진 방 안에 곱게 차려입은 여인이 다소곳 하게 앉아 머리를 만지는 게 보였다. 그런데 문제는 자신 말고도 아 홉 명이 더 와 있었다는 것이다.

기방의 풍습을 이용하다

지금은 이해하기 어렵지만 조선시대 기방은 돈만 있다고 드나들 수 있는 곳이 아니었다. 복잡하고 우스꽝스러운 기방만의 예법을 따라 야만 했다. 예를 들면 양반집 자제라고 해도 기방에 드나들 때는 그 집 청지기라고 둘러대야 하는 식이다. 체면과 예법이 쾌락의 현장인 기방까지 파고든 셈이다. 따라서 열 냥이라는 거금을 이중배에게 선 금으로 건넨 단골손님은 아무 말도 못하고 다른 방해꾼이 돌아가기 만 기다렸다.

그런데 얄밉게도 다른 손님들은 일어날 생각을 안 했다. 속절없이 시간이 흘러가는 동안 조방꾼 이중배도 계속 드나들면서 혀를 차며 고개를 절레절레 흔들었다. 그걸 본 손님은 그가 다른 사람을 쫓아 내고 싶어하지만 기방의 예법 때문에 어쩔 수 없는 것이라고 넘겨짚었다.

그렇게 기묘한 대치상황이 밤새 이어지고 새벽이 밝아왔다. 그러자 이중배는 싸구려 술과 나물을 대접하고는 날이 밝았으니 돌아가는 게 좋겠다고 했다. 거금 열 냥을 날린 단골손님은 체면 때문에 아무 말도 못하고 빈손으로 터덜터덜 집으로 돌아오며 다른 훼방꾼 아홉 명을 욕했다. 당사자는 꿈에도 몰랐지만 사실 거기 모인 손님 열 명은 모두 이중배가 열 냥씩 돈을 받고 같은 날짜에 부른 사람들이었다.

조방꾼으로 오랫동안 일했던 그는 기방의 풍습을 이용해 단골손님 열 명에게서 열 냥씩 걷어서 무려 100냥이나 되는 돈을 한번에 갈취했다. 들어간 돈이라고는 싸구려 안주와 술값뿐이었으니 명백한 사기나 다름없었다.

그가 사기를 친 이유

이중배가 벌인 사기극은 두고두고 사람들 입에 오르내렸다. 이중배가 어떤 마음으로 자신의 경력에 치명타가 될 수 있는 사기극을 꾸몄는지 짐작이 가지 않는다. 이 사실을 전한 《추재기이》에도 별다른 언급이 없다. 100냥이라는 돈도 조방꾼의 우두머리라는 말을 듣던 그에게는 거금이 아니었으리라.

설사 큰돈이라고 해도 그런 사기극을 벌이게 되면 조방꾼으로서 생명은 끝난 것이나 다름없다. 《추재기이》에 언급될 정도였다면 한양에 소문이 쫙 퍼졌을 것이고, 당사자들이 창피해서 이야기를 못한다

〈풍속도병풍〉, 김홍도, 파리기메박물관 소장. 두 사내와 기생이 흥정을 벌이는 모습을 묘사하고 있다. 당시 기방 출입은 돈만 있다고 되는 것이 아니었다. 기방 출입을 중개하는 '조방꾼' 이중배는 이 점을 이용해 양반을 농락함으로써 그들을 백성들의 조롱거리로 만들었다.

고 해도 다시는 그와 거래하지 않았을 것이기 때문이다. 어쩌면 조방꾼 노릇을 하면서 자신을 무시했던 손님들을 골탕 먹이기 위한 사기극이었을지도 모르겠다.

어쨌든 그의 계획은 멋지게 성공했고 사람들 사이에서 소문이 자자했다. 《추재기이》에 이 사기극을 기록한 조수삼도 그의 행위를 비난하는 대신 절묘한 속임수를 써서 지금까지 전해 내려온다면서 다소 호의적인 반응을 보였다. 대체 무엇이 그의 사기극을 전설로 남게 했고, 비난 대신 칭찬을 받게 했을까?

사기 치고 박수 받은 이유

이 시기 기방에 드나드는 사람은 오입쟁이라고 불렸다. 주로 독점유통으로 큰돈을 번 경강상인들이나 역관 같은 중인 그리고 귀족화된 양반인 경화세족의 자제들이었다. 조선 후기로 접어들면서 백성은 점점 가혹해지는 수탈과 거듭된 흉년에 큰 고통을 받았다.

하지만 그 와중에 돈을 많이 번 상인들과 권력을 이용해 부를 쌓은 경화세족은 호화로운 생활을 즐겼다. 설상가상으로 경강을 무대로 자본을 축적한 경강상인은 한양으로 들어가야 할 쌀을 비롯한 각종 생필품을 매점매석했다. 가격을 올리기 위한 수단이었는데, 가장 큰 피해를 입은 이들은 하루 벌어서 하루 살아가는 가난한 백성이었다.

이들은 날로 치솟는 생필품 가격에 분노했고, 결국 순조 33년(1833) 3월 사건이 터지고 말았다. 한 달 전까지만 해도 그럭저럭 괜찮았던 쌀값이 갑자기 급등해버린 것이다. 쌀값이 오른 원인은 김재순을 비롯한 경강상인의 농간 때문이었다. 이들은 경강으로 올라온 쌀을 모조리 사들이는 한편, 일부러 싸전 문을 닫아버렸다.

결국 참지 못한 한양의 가난한 백성은 들고일어났다. 이들은 문을 닫은 상인들의 상점을 습격하고, 그들의 집을 불태우는 것으로 분노를 폭발했다. 쌀값을 조절하지 못한 조정은 사후 처리에서도 큰 실망을 안겼다. 폭동을 주도한 백성은 목이 잘리는 형벌을 받았지만 정작 문제의 원인을 제공한 경강상인은 유배형에 그치고 말았다.

이렇게 18세기와 19세기 한양은 화려한 유흥문화가 꽃을 피우는 동시에 치솟는 쌀값에 분노한 백성이 폭동을 일으키는 도시였다. 하루 한 끼를 먹기도 어려운 사람들에게는 미녀와 하룻밤을 보내려고 열 냥이라는 거금을 물 쓰듯 쓰는 부자들이 더 없이 미웠을 것이다. 그래서 이중배의 사기행각은 사람들에게 전설로 남게 되었다.

조선의
워터 소믈리에,
수선

수선水仙은 글자 그대로 물의 신선이라는 뜻이다. 물만 먹고 살 수 있으며, 물맛도 감별해낼 수 있는 능력이 있다고 붙인 별명이다. 그는 본래 이름조차 알려지지 않은 평범한 백성이었다. 그런데 어쩌다가 물의 신선이 되었다는 기록을 남겼을까?

과천에 살던 평범한 백성이 물의 신선이 된 과정과 이유는 다소 서글프다. 어릴 때 부모와 일가친척을 모두 잃은 그는 품팔이를 하면서 생계를 이어갔다. 조선 후기에 접어들면서 신분제도가 크게 흔들렸다. 특히 노비들의 이탈이 두드러졌는데 이런 현상은 1801년, 순조가 공노비公奴婢를 혁파하면서 더욱 심해졌다. 결국 노비들을 대체할 고공雇工이라는 일종의 임금노동자가 등장하게 되었다. 우리가 흔히 머슴이라고 하는 이들도 노비가 아니라 고공이었다.

과천의 백성도 머슴이나 고공으로 일하면서 생계를 유지했을 것이다. 그러다 순조 14년(1814) 대기근이 들었다. 안동김씨의 세도가 이어지던 시기에 유독 큰 가뭄과 흉년이 자주 들었는데 가장 크게 고통받은 이들은 가난하고 힘없는 백성이었다. 이때도 흉년에 쌀값이 크게 뛰고 일거리가 없어지자 가난했던 그는 당장 먹고살 방법이 없었다.

이렇게 되면 보통 이판사판으로 칼을 들고 도적이 되거나 남의 집 담장을 넘는 도둑이 되었겠지만 그는 심성이 착했는지 담담하게 현실을 받아들였다. 더는 살기를 포기하고 죽기로 결심한 것이다. 조용히 죽기로 결심한 그는 관악산으로 들어갔다. 그가 간 곳에는 맛이 좋기로 유명한 샘물이 두 개 있었다. 계곡으로 들어간 그는 두 곳 샘물로 굶주린 배를 채우고 산 아래로 내려와 바람과 햇볕을 쬐었다. 그리고 빈집에 들어가 잠을 청했는데 그를 불쌍하게 여긴 사람들이 밥을 주면 손사래를 치면서 거절했다.

"폐를 끼치고 싶지 않습니다."

흉년이 들어 굶어죽는 사람이 부지기수에 밥을 구걸하는 이들도 한둘이 아닌데 오히려 밥을 주겠다는 제안을 거절했다. 그리고 배가 고프면 샘물로 달려가는 일을 반복했다. 두 샘물을 번갈아가면서 마셨는데 신기하게도 배고픔을 느끼지 않게 되었다.

물만 먹고 목숨을 부지하는 방법

사람들은 물만 먹고도 멀쩡하게 살아서 움직이는 그를 보고 신기하게 생각했다. 이렇게 그가 물로 배를 채우며 세월을 보내는 동안 풍년이 들면서 곡식값이 떨어지고 일거리가 생겨났다. 사람들은 여유가 생기자 그에게 일거리를 제공했다. 하지만 그는 단호하게 거절했다.

"이전에는 먹는 일로 크게 고생했다가 각곡방却穀方을 배워 편안하게 살 수 있게 되었는데 어찌 다시 품을 팔며 고생하겠습니까?"

여기서 그가 말한 각곡방은 벽곡법辟穀法이라고도 하는 도교의 수련법으로, 곡식 대신 솔잎 같은 것을 먹는 것을 말한다. 그가 산속에서 도인을 만나 깨우침을 얻었는지 아니면 죽을 각오를 하고 물을 마시다 그리되었는지는 알 수 없다. 어쨌든 그는 물로 배를 채우고 배고픔을 느끼지 않게 되었다. 거기다 그동안 본의 아니게 능력이 하나 더 생겼는데, 바로 물맛을 감별할 수 있게 된 것이다.

맛있는 물을 알아내다

그는 블라인드 테스트처럼 물을 마시면 이게 우물에서 퍼온 것인지 샘에서 떠온 것인지, 아니면 강물을 가져온 것인지 귀신같이 맞추었다. 고기나 김치도 아니고 물에 맛이 있다는 말이 상당히 낯설게 들리겠지만 물도 토질에 따라 미묘한 차이가 있다. 수도시설이 없던 이 시대에 주요한 식수 공급원은 우물일 수밖에 없었다. 따라서 행세깨나 하려면 집 안에 우물이 한두 개쯤 있어야만 했다.

삼국을 통일한 김유신 장군의 저택은 재매정댁財買井宅이라고 불렸는데 집 안에 재매정이라는 우물이 있었기 때문이다. 우물 이름을 따서 집 이름을 지을 정도로 우물이 중요한 존재였다는 사실을 알

김유신 집에 있던 우물 '재매정.' 수도시설이 없던 시절 우물은 중요한 식수 공급원이었다. 수선은 지금의 '워터 소믈리에(물맛감별사)'로, 우물의 맛을 감별해 물의 신선, 즉 수선이라는 이름을 얻었다.

수 있다. 따라서 물맛을 알아내는 건 당시로서는 꽤나 중요하고 흥미진진한 일이었다. 그의 신기한 능력을 알아본 사람들이 별명을 붙여주었는데 바로 물의 신선이라는 뜻의 수선이었다.

들도 보도 못한 능력자에 대한 소문은 사방으로 퍼져나가다가 마침내 한양의 어느 판서 귀에까지 들어갔다. 판서는 그를 불러다 한양의 물맛을 감별하게 했다. 수선은 물을 전부 맛보고는 삼청동의 성천을 으뜸으로 치고 훈련원의 통정과 안현의 옥폭을 나란히 다음으로 꼽았는데 2등이 아니라 3등으로 정했다. 2등이 되기에는 조금 모자랐을까? 이렇게 명성을 크게 떨친 수선은 명산을 유람하고 오겠다는 말을 남기고 홀연히 종적을 감췄다.

오늘날에도 특정한 음식만 먹고 생존하는 경우는 많지만 물만 먹고 살 수는 없으니 수선 이야기는 당연히 지어낸 것이다. 하지만 그의 이야기가 《이향견문록》에 있을 정도로 유명해진 것은 시대 상황과 깊은 연관이 있다. 백성은 날로 가난해졌지만 세도정치를 하는 관리들은 오직 자기 배를 불리는 데만 관심이 있을 뿐이었다. 거기다 상인들은 이런 관리들과 손잡고 쌀값을 올려 백성을 더더욱 고통 속에 몰아넣었다.

흉년이 들고 쌀값이 올라가는 일이 반복되면서 과천의 백성은 수선이 되어야 했다. 그것이 사실처럼 받아들여진 데는 먹고살기 힘들어지는 세상에 대한 백성의 분노가 투영되어 있다. 그들은 수선 이야기를 들으면서 차라리 물만 먹고 살 수 있었으면 하고 바라지 않았을까?

배짱 좋은
서강의 착한 주먹,
김오흥

세상이 어수선해질수록 사람들은 다른 사람에게 관심을 끊는다. 그
래서 길거리에서 사람이 쓰러지거나 강도를 당해도 모른 척하기 일
쑤다. 도와줘봤자 번거롭기만 하고 고맙다는 소리를 못 들을 게 뻔하
기 때문이다. 사람들이 주변에서 사고가 나도 모른 척한다는 뉴스를
보고 누군가는 혀를 차며 이렇게 말할 것이다.

"옛날에는 이러지 않았는데 말이야."

조선시대에도 사정은 비슷했다. 성 밖 길거리에 시신이 버려져 있
는데도 아무도 신고하지 않아 나중에 알려지면서 문제가 된 경우가
많았다. 행인이 시신을 보고도 모른 척한 이유는 간단했다. 신고하면
이리저리 불려다녀 귀찮아지거나 재수 없으면 용의자로 찍히기 때문
이었다.

물론 이런 상황을 눈뜨고 못 보는 의협심에 불타는 인물들도 적지 않았다. 불의를 보고 참지 못하고 나서는 이들을 우리는 협객俠客이라고 한다. 《추재기이》에서 조수삼은 서강 사람 김오흥金五興을 조선시대 대표 협객으로 꼽았다.

강가에 사는 사람들

오늘날 서울을 관통해서 흐르는 한강은 조선시대에는 경강京江이라고 불렸다. 아울러 구간마다 동호東湖*나 서강西江**처럼 부르는 이름이 따로 있었다. 요즘처럼 한강이 어디서부터 어디까지 흘러가는지 알지 못했기 때문에 자신이 움직일 수 있는 구간 안에 흐르는 강 이름을 따로따로 부른 것이다.

  배로 운반된 세곡을 비롯한 각종 물자가 경강을 통해 한양으로 들어왔다. 오늘날처럼 동력기관이나 고속도로가 없던 시절이라 강이나 바다를 이용한 것이다.

  조선 후기로 접어들면서 한양 인구가 늘어나고 상업이 발달하자 경강을 통해 들어오는 물자도 크게 늘어났다. 그러자 경강을 무대로 하는 경강상인京江商人들이 등장했다. 강상江商이라고도 불린 이들은 큰 배를 이용해 세곡을 운반해주거나 쌀을 비롯해서 한양에 필요한 상품들을 매매했다. 경강에는 곡식을 수백 석 실을 수 있는 배들을

• 오늘날 한강의 뚝섬에서 옥수동까지를 일컫는 명칭. 한강과 중랑천이 만나는 곳이라 두뭇개라고도 불렸다.
•• 봉원천과 한강이 합류하는 한강 서쪽 구간을 일컫는 명칭. 풍광이 아름답기로 유명했다.

1910년대 마포나루 모습. 조선시대 한강의 대표적 나루터로 삼개나루라고도 불렀으며 서해안에서 생산된 소금이 주로 유통되었다. 김오흥은 삼개나루에서 '착한 주먹'으로 이름을 날렸다.

비롯해서 크고 작은 배들이 드나들었다.

경강 중에서도 포구가 있고 물자가 하역되는 주요한 포구인 용산, 마포, 서강, 양화진, 한강진을 오강이라고 불렀다. 그 밖에 노량진이나 서빙고, 송파 등에도 배가 제법 드나들었다. 이에 발맞춰 강변에는 포구들이 늘어나고 물건을 사들이는 객주, 들어온 물건을 중개하는 거간꾼과 중간도매상격인 중도아中都兒들이 드나들었다.

경강에는 이런 장사꾼들 외에도 배를 모는 뱃사람이나 부려진 짐을 나르는 일꾼도 차츰 모여들었는데, 이들은 대부분 각지에서 올라온 유랑민이었다. 흉년이 든 데다 관리들의 수탈을 못 이겨 고향을 떠난 이들이 먹고살 길을 찾기 위해 한양과 인근 지역으로 왔다가 자리 잡은 것이다.

고향을 떠난 가난한 이들이 모여든 강변은 슬럼slum이 되었다. 다른 지역 사람들은 이 지역에 거주하는 이들을 강대 사람들이라고 부르며 천시했다. 무식하고 무례하다는 선입견이 작용한 것이다.

강가의 협객

실제로 험한 일을 하는 강대 사람들은 술을 즐기고 걸핏하면 주먹질을 했다. 하지만 김오흥만큼은 달랐다. 그는 오늘날 서강대교 북단에 위치한 마포 지역을 지칭하는 서호西湖에서 배를 몰았다. 강대 사람에다가 천대받는 뱃사람이었으니 조선시대 신분으로는 제일 밑바닥 인생인 셈이었다. 하지만 그는 완력이 세고 배짱이 좋기로 따를 자가 없다고 할 정도였다. 조수삼의 《추재기이》에는 그의 배짱을 엿볼 수 있는 짧은 일화를 실었다.

서호 근처의 용산 강가에는 훈련도감訓鍊都監*에 속한 군인들의 급료를 지급하는 별영창別營倉이라는 창고가 있었다. 군인들 급료를 곡식으로 지급했기 때문에 강가에 창고가 설치된 것이다. 별영창이 세워진 강가에는 읍청루挹淸樓라는 정자가 세워졌다. 절벽 위에 세워진 정자라 이곳에 서면 용산과 마포 일대는 물론 멀리 행주산성 근처까지 잘 보였다. 한말에 외국인이 찍은 사진을 보면 강가의 깎아지른

• 임진왜란 시기 유성룡이 세운 군사훈련 기관으로 오군영 중 가장 먼저 설치되었다. 훈국이라고도 불리며 직업군인들로 구성되어 있다.

절벽 위에 자리 잡은 읍청루를 볼 수 있다.

　김오흥은 바로 이 읍청루 처마에 거꾸로 매달려 기왓골에 발을 걸고 움직였다. 비스듬한 기왓골에 발을 걸고 거꾸로 매달려 몸을 지탱하는 것도 모자라 움직이기까지 하려면 엄청난 완력이 필요했을 것이다. 거기다 읍청루가 절벽 모서리에 있다는 걸 감안할 때 잘못하면 엄청난 높이에서 떨어질 수 있다는 두려움을 이겨낼 배짱도 있어야 했다.

　김오흥은 힘만 좋은 게 아니라 민첩했는데 제비나 참새에 비유한 것을 보면 제법 날쌘 모양이었다. 이종격투기 최강자라고 불리는 표도르의 힘에 인간탄환이라고 불리는 우사인 볼트의 민첩함을 갖췄다면 과장일까? 어쨌든 김오흥은 이런 목숨을 건 이벤트로 자기 용기와 배짱을 증명했다.

착한 주먹으로 이름을 남기다

힘과 배짱이 두둑한 김오흥은 마음만 먹었으면 조직의 우두머리가 되거나 약한 사람을 괴롭히면서 먹고살 수도 있었다. 하지만 그는 힘을 이용해 다른 사람을 괴롭히는 짓을 결코 하지 않았다. 그 대신 강대 사람들 사이에서 다툼이 벌어지면 나서서 뜯어말리는 역할을 했는데 주로 힘없고 약한 사람 편을 들었다. 그러다 일이 커지면 힘을 써서 한쪽을 제압했다. 그러는 와중에 목숨이 오락가락하는 순간도 몇 번 있었다. 하지만 그는 한 번도 굽히지 않았고, 약한 사람 도와주기를 그만두지도 않았다.

김오홍의 활약 덕분에 강대, 특히 서강에서는 힘 있는 사람이 함부로 행패를 부리거나 나쁜 짓을 하지 못했다. 별다른 대가를 바랄 수 있는 상황이 아니었기 때문에 돈을 바라고 한 일도 아니었다. 그래서 그는 무뢰배나 왈짜와 다른 협객이나 의인으로 기억되는 영광을 누렸다.

민원 해결사
하급관원,
장오복

우리는 종종 뉴스에서 위기에 처한 사람을 구한 이들이나 모두 외면하는 일에 나선 영웅을 만나게 된다. 그러면 저런 사람들이 있어 그나마 세상이 살만 하다고 흐뭇하게 생각한다. 법은 멀고 주먹은 가까웠던 조선시대에도 이런 영웅들은 사람들의 환영을 받았다.

장오복張五福 역시 앞서 소개한 김오흥 같은 길거리 협객이었다. 김오흥이 배를 모는 강대 사람이었다면 장오복은 한양의 관청에서 일하는 하급관리 경아전京衙前이었다. 나름대로 공무원이지만 항상 양반인 상관에게 무시를 받고 구박을 당하는 계층인데 그 때문에 협객을 자처했는지도 모르겠다. 그래도 힘이 센 장사이자 주먹질에 능한 것으로 이름을 떨쳤다.

힘깨나 썼다면 경아전에서 편안하게 지낼 수 있었다. 무뢰배 두목까지는 아니라 해도 권력자들 뒤치다꺼리만 해도 큰돈을 만지는 게 가능했다. 하지만 장오복은 다른 쪽으로 이름을 떨쳤다. 그는 길을 가다가 싸움판이 벌어지면 걸음을 멈추고 옆에서 구경했다.

그러다가 강한 쪽이 힘을 믿고 약한 쪽을 윽박지르거나 말도 안 되는 것을 억지로 우기면 중간에 끼어들었다. 보통 이런 상황이 벌어지면 유리한 쪽이 눈을 부라리면서 왜 참견이냐고 따지기 마련이지만 장오복은 눈 하나 깜짝하지 않았다.

갈등 한복판에 서다

장오복이 개입한 싸움은 대부분 이웃 간의 말다툼 정도가 아니라 강자가 약자를 괴롭히는 상황이었다. 조선 후기가 되면 치안을 책임지는 포도청이 유명무실해지면서 각종 범죄가 일어났고, 관리들의 수탈도 심해졌다. 따라서 사람들은 계를 조직해 뭉쳐서 이런 난관을 헤쳐 나가곤 했다. 대표적으로 마을의 장례를 책임지는 향도계香徒契가 무뢰배 소굴이 된 것도 이런 상황과 연관이 있다.

결국 사람들 사이의 다툼은 단순한 감정싸움이 아니라 이권이나 주도권을 놓고 벌이는 것으로 커져갔다. 하급관원이자 협객인 장오복은 이런 갈등을 조정하는 역할을 한 것이다. 그래서 길거리에서 싸움이 나서 다툼이 길어지면 주변 사람들이 장오복이 온다고 소리쳐 뜯어말렸다고 한다. 당시 그의 존재감이 어떠했는지 엿볼 수 있는 대목이다. 힘이 없어 이리저리 시달리던 백성에게는 존경의 대상이 되어 큰 인기를 끌지 않았을까 싶다.

두려움이 없는 남자

그는 한양에서 살면서 이런저런 일화를 남겼다. 하루는 그가 술에 취해 비틀거리며 광통교를 지나가는데 때마침 건너편에서 오는 보교 步轎(보교는 우리가 사극에서 흔히 보듯이 뚜껑이 달리고 사방이 막혀 있는 가마로, 여주인공이나 그녀의 어머니가 타고 다닌다)와 마주쳤다.

이런 가마에는 가마꾼뿐 아니라 시종하는 인원이 제법 많았다. 좁은 다리 위라서 장오복은 자연스럽게 그들과 어깨를 부딪히고 말았다. 그러자 가마꾼이 그를 밀쳐냈다. 다른 사람 같았으면 보교에 타고 있는 사람이 누구인지 모르기 때문에 그냥 지나갔겠지만 열혈남아인 장오복은 발끈 성을 내고는 차고 다니던 칼을 뽑아들고 소리쳤다.

"천한 가마꾼 놈들이 이리 기세를 떠는 걸 보면 분명 가마 안에 탄 계집 때문이겠구나."

그러고는 칼을 휘둘러 가마 밑바닥을 찔렀다. 보교 밑바닥은 보통 소가죽을 깔아놨기 때문에 진짜 죽일 생각은 없고 아마도 위협을 가할 생각이었던 모양이다. 그런데 보교 안에 있던 요강에 맞아 큰 소리가 나고 말았다. 보통 여인들이 타는 보교 안에는 급한 일을 해결하기 위해 종이를 깐 작은 요강을 넣었는데 칼이 여기에 맞은 모양이었다.

요강에 맞은 게 문제가 아니라 그 가마 주인공이 진짜 문제였다. 그녀는 검계를 토벌한 것으로 유명한 포도대장 장붕익張鵬翼(1646~1735)의 손자 장지항張志恒(1721~1778)의 애첩이었다.

할아버지 장붕익처럼 무관이었던 장지항은 경상우도수군절도사

등을 지낸 고관이었다. 협객이라고 자처하고 백성 사이에서 인기를 많이 누렸다고는 하지만 일개 아전에 불과한 장오복이 상대할 만한 인물은 아니었다. 아니나 따를까, 보고를 받은 장지항은 당장 장오복을 잡아들이라고 명령했다. 하지만 그의 앞으로 끌려온 장오복은 살려달라고 애원하는 대신 배포 좋게 대꾸했다.

"당신이 위에 있어서 나라가 평안하고 제가 거리에 있어서 다툼이 사라집니다. 그래서 세상 사람들이 사내대장부는 오직 장군과 저밖에 없다고 이야기하곤 합니다. 그런데 천한 계집 때문에 저를 죽이려 하시니 어찌 장군을 사내대장부로 생각하겠습니까?"

그 이야기를 들은 장지항은 껄껄 웃으면서 그를 풀어줬다. 물론 장지항이 그런 일로 장오복을 죽일 생각이 있었는지는 모르겠지만 고위관리의 위세에 굽히지 않고 배짱을 부렸다는 점은 높이 살 만했다.

한없이 몸을 굽히다

그런 반면에 남을 돕기 위해서라면 자기 명성에 흠집이 나는 일도 서슴지 않았다. 장오복의 이웃집에는 가죽신을 만드는 장인이 살고 있었다. 장인은 자주 신발을 선물했는데 그 이유가 궁금해진 장오복이 물었다.

"왜 나한테 이리 신을 자주 주느냐?"

그러자 장인은 얼굴이 붉어진 채 사연을 털어놨다.

"사, 사실은 제가 좋아하는 기생이 있습니다. 몇 번이나 찾아갔는데 제 신분이 미천해서 그런지 쳐다보지도 않습니다. 고민하다가 염

〈풍속도병풍〉, 김홍도, 파리기메박물관 소장. 그림 왼편에는 드잡이를 하는 사내 둘이 있고 중간에는
당시 관원(포교) 옷차림을 한 사내가 기생과 대화를 나누고 있다. 하급관원이었던 장오복 또한 날마
다 주먹질이 끊이지 않는 기방에서 해결사 노릇도 했을 것이다.

치 불고하고 아뢰게 되었습니다."

장인의 고민을 들은 장오복은 계책을 생각할 테니 기다리라는 말을 남겼다. 그리고 며칠 뒤 자기 집으로 장인을 불러들이고는 낮은 목소리로 계획을 들려주었다. 장오복은 약속된 날짜에 옷을 잘 차려입고 장인이 연모하는 기생이 있는 기방으로 향했다. 기방의 터줏대감 노릇을 하는 무뢰배는 물론이고, 문제의 그 기생도 장오복을 알아보고는 제일 좋은 자리를 내줬다. 그런데 얼마 뒤 이웃집에 사는 장인이 대문을 발로 벌컥 걷어차면서 들어왔다.

"여기 장오복이라는 놈이 있느냐?"

그러자 장오복은 허둥지둥 자리에서 일어나 뒷문으로 도망쳐버렸다. 그 광경을 본 무뢰배와 기생들은 어안이 벙벙해졌다. 장지항 앞에 가서도 배포 좋게 큰 소리를 친 장오복이 허름하게 차려입은 장인을 피해 허둥지둥 도망쳤으니 말이다. 무뢰배는 장인을 장오복이 피할 정도로 힘센 사람으로 오해하고는 흩어져버렸다.

기생도 마찬가지였다. 자신이 홀대하던 장인이 사실은 천하의 협객 장오복이 피할 정도로 대단한 사람이었다고 지레짐작했다. 기세가 등등해진 장인이 슬며시 자리 잡고 장오복을 기다린다면서 술을 내오라고 하자 기생은 냉큼 술상을 대령했다. 그리고 장인은 마침내 소원대로 기생과 함께 즐거운 시간을 보낼 수 있었다.

이렇게 협객에 로맨티스트였으니 길거리에서 인기가 없었다면 오히려 이상했다. 양반들은 협객을 무뢰배나 다름없다고 비난하면서도 정작 그들이 없으면 아쉬워했다.

조선 후기 사회경제적으로 뒤숭숭하던 시절 크고 작은 민원이 끊이지 않았을 것이고, 장오복은 스스로 민원 해결사를 자처했던 것이다.

2장
구라꾼들, 이야기로 사로잡다

온몸으로
책 읽어주는 남자,
이업복

대중이 텔레비전을 보거나 영화관에서 영상을 통해 문화를 접하기 시작한 것은 불과 한 세기 남짓 되었다. 이전에는 배우가 공연하는 장소를 직접 찾아가거나 책을 보면서 간접적으로 경험하는 수밖에 없었다. 서구처럼 오페라하우스나 상설극장이 없었던 조선시대에 전자는 불가능했다. 책에서 이야기를 접하는 것이 그나마 가능한 문화생활이었다.

하지만 이것도 쉽지 않았다. 주로 한문을 쓴 조선시대의 특성상 문맹률이 무척 높았으니 백 명 중 한두 명 정도만 글을 읽고 쓸 수 있었다. 언문이라고 불린 한글 역시 많은 사람이 익히지 못했다. 문자가 양반을 위해서만 존재했던 조선 전기에는 이런 상황이 딱히 문제가 되거나 불편하다고 느끼는 일이 없었다.

그러나 조선 후기가 되면 민간인이 상업적 목적으로 출간한 방각본坊刻本이 나오면서 아녀자들과 일반 백성도 이야기를 접할 기회가 많아졌다. 그러면서 이야기에 대한 대중의 호기심과 갈증은 나날이 깊어갔지만 글을 읽을 수 있는 사람은 극소수였다. 거기다 여전히 책은 비싼 물건이었고, 귀한 존재였다. 그 간극을 메운 이들이 바로 책을 읽어주는 전기수傳奇叟였다. 이들은 백성의 큰 사랑을 받았고, 몇몇은 오늘날까지 이름을 남겼다. 이들이 책을 읽어준 것만으로도 이렇게 사랑받은 이유가 무엇이었을까?

이야기를 갈망하다

전기수가 백성의 사랑을 받은 가장 큰 이유는, 이들이 당대 이야기에 대한 갈증과 궁금증을 풀어줬기 때문이다. 전기수는 시간과 돈이라는 장벽을 '입'을 통해 뛰어넘게 해주면서 사람들 마음속에 자리매김했다. 전기수에게서 이야기를 들으면 굳이 책을 살 필요가 없었고, 글자를 알 필요도 없었다.

그렇다고 전기수를 단순히 책을 읽어주는 존재로만 볼 수는 없다. 같은 내용으로 강의하더라도 더 재미있고 흥미롭게 하는 강사가 있는 것처럼, 이들도 이야기를 재미있게 포장하는 탁월한 능력을 갖추고 있었다. 이들은 아마 우리가 생각하는 것보다 더 오래전부터 존재해왔을 것이다.

전기수는 18세기 접어들어 본격적으로 활동에 나서면서 큰 인기를 끌었다. 임진왜란과 병자호란의 상처가 아물고 사회가 다시 활력을

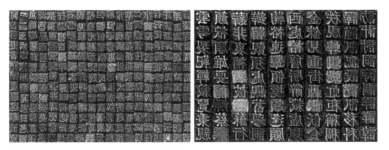

정리자소자, 국립중앙박물관 소장(왼쪽), 정리자대자, 국립중앙박물관 소장(오른쪽). 주로 한문을 쓴 조선시대에는 문맹률이 무척 높았으며 일반 백성은 글을 접할 기회마저 거의 없었으므로 전기수나 재담꾼이 들려주는 이야기에 귀를 기울였을 것이다.

찾게 되면서 이야기 시대가 본격적으로 열린 것이다. 또 화폐의 도입과 상업의 발달로 재력을 축적한 중인과 평민이 늘어났다. 여유가 생긴 이들은 상류층인 양반의 문화를 동경하면서도 여항문화를 통해 그들 나름대로 문화생활을 향유했다. 여항문화는 18세기 조선에 나타난 중인 계층 중심의 취미·유흥문화로, 한양이 상업도시로 변모한 결과물이었다. 새로운 문화에 눈뜬 사람들이 늘어나면서 전기수는 마치 물 만난 고기처럼 전성기를 맞이했다.

　여항시인 조수삼이 당대의 풍속과 인물을 기록한 7언 절구 71편의 모음집인 《추재기이》가 있다. 등장인물은 대개 여항의 인물로, 이들은 나름대로 독특한 삶을 살았는데, 이들의 뛰어난 재능이나 특이한 행위가 기록되어 있다. 이 책에 매일 한양의 번화가를 옮겨 다니면서 이야기를 들려주는 전기수 이야기가 나온다. 전기수는 주로 《삼국지》나 《수호지》 같은 중국의 고전들과 《임경업전》 같은 영웅소설부

목활자. 국립민속박물관 소장. 목활자는 대중 출판의 길을 활짝 열었다.

터《운영전》같은 애정소설까지 다양한 소설을 들려줬는데, 단순히 들려주기만 한 것이 아니라 감정이 실린 일종의 연기를 펼쳤다. 어찌나 호소력이 짙었는지 길을 가던 사람들이 자연스럽게 발걸음을 멈추고 이야기를 들었다.

　전기수 이야기 중 가장 유명한 일화는 정조의 입에서 나왔다.《조선왕조실록》정조 14년(1790) 8월 10일자 기사에 보면 정조는, 전기수가《임경업전》을 이야기하면서 간신 김자점金自點(1588~1651)의 모함으로 임경업林慶業(1594~1646)이 억울하게 죽음을 당하는 장면을 들려주자 구경꾼이 흥분한 나머지 담배 써는 칼로 전기수를 난자해 죽였다는 일화를 들면서, 소설의 해로움이 이와 같다고 말했다.

　진짜인지 아닌지 알 수 없는 이 사건은 듣는 사람이 현실과 이야기를 구분하지 못하고 빠져들 정도로 전기수의 이야기 솜씨가 뛰어났다는 반증일 것이다. 이렇게 이야기를 풀어내는 솜씨가 뛰어난 전기수는 많은 인기를 누렸는데, 이업복李業福은 전기수 중에서도 가장 유명한 인물로 꼽는다.

온몸으로 책을 읽어주다

이업복은 조선시대 생활사를 보여주는 책에도 소개되었고, 〈별순검〉이라는 드라마에도 등장했다. 첩의 자식으로 태어나 서얼이었던 그의 본래 직업은 겸인傭人, 즉 양반집에서 잡일을 맡아보거나 시중을 드는 청지기였다. 서얼 중에도 풍족하게 사는 이들이 종종 있었지만, 이업복은 아버지의 사랑을 받지 못했거나 집이 가난했던 것으로 보인다. 청지기는 노비는 아니었지만, 주인의 수발을 드는 미천한 존재였기 때문이다.

청지기 이업복에게는 남들이 가지지 못한 필살기가 있었다. 목소리가 낭랑해 그가 말을 하면 사람들의 귀에 쏙쏙 들어왔다. 목소리뿐만 아니라 감정도 풍부했던 것으로 보인다. 《추재기이》를 보면 노래하는 것처럼 흥겹던 그의 목소리가 갑자기 서릿발같이 화난 목소리로 변했고, 미친 듯이 웃는 것 같다가도 부모를 잃은 사람처럼 꺼이꺼이 울었다고 한다.

청지기였던 그가 언제부터 본격적으로 전기수를 했는지는 알 수 없지만, 양반집 부녀자들을 비롯한 한양의 부호들이 다투어 그를 초청해 이야기를 들었다고 하니, 전기수로 나선 직후부터 큰 인기를 끌었던 것으로 보인다. 부드러운 목소리와 감정이 뚝뚝 묻어나오는 표정으로 이야기를 토해내면 사람들이 저도 모르게 눈물을 흘리거나 미친 듯이 웃었다고 하니, 그가 나타나면 사람들이 "이업복이 왔다!"면서 구름처럼 모여들지 않았을까 싶다.

전기수로서 탁월한 실력과 인기를 바탕으로 이업복은 어느 부잣집 양자로 들어가는 행운을 잡았다. 전기수가 당대에 얼마나 많은 사랑을 받고 인기를 누렸는지 알 수 있는 대목이다.

불온한 시선

전기수가 인기를 끈 이면에는 불온하다는 시선도 있었다. 글공부를 해야 할 선비나 바른 마음을 가져야 할 여염집 아낙네가 말초신경을 자극하는 쓸데없는 이야기에 빠져들면 나라 기강이 무너진다는 논리였다. 우리에게는 개혁군주로 잘 알려진 정조가 선비들의 문체가 바르지 못하다면서 선비들 글을 검열하고 반성문을 바치라고 명령하던 시절이었다. 정조는 인간의 본성을 자극한다는 이유로 소설을 탄압했고, 문체를 규정지으려고 했다.

양반가 안방을 제집 드나들 듯 드나들던 전기수와 양반집 부녀자 사이의 부적절한 소문도 들려왔다. 이업복 역시 이런 시선에서 자유롭지 못했다. 이업복을 소개한 《청구야담靑丘野談》*에는 그가 옆집 사

---

* 조선 후기에 편찬된 편자 미상의 야담집. 조선 후기 하층민이 겪는 사회적 갈등에 깊은 관심을 보였으며 세태 묘사에서 주목할 만한 성과를 거두었다. 이를 계기로 야담이 소설에 가까운 경지에 이르게 되었다.

는 아전의 딸을 겁탈하는 내용이 있다. 그것도 자신을 아들처럼 아낀 아전의 딸을 강간했다는 점을 강조함으로써 은연중 전기수의 음란함과 배은망덕함을 강조했다. 그러나 사회 분위기와 관계없이 서민들은 책과 문자라는 한계를 뛰어넘어 재미있는 이야기를 들려주는 전기수에게 열광했다.

그렇게 전기수는 지배층에게는 불경하고 불온하다는 생각을 심어주고 일반 백성에게는 열렬한 사랑을 받으면서 시대를 풍미했다. 그렇다면 전기수는 어떻게 수입을 올렸을까? 전기수는 한참 이야기를 들려주다가 절정에 이르기 직전, 마치 벙어리처럼 입을 다물었다. 다음 이야기가 궁금해진 구경꾼은 다투어 주머니를 털어 돈을 던졌다. 돈이 만족할 만큼 모이면 전기수는 이야기를 이어갔다. 이를 요전법邀錢法이라고 하는데, 사람의 마음을 흔들어 지갑을 열게 유도한 것이다. 김호주金戶主라는 전기수는 주로 양반을 상대했는데 10년 동안 모은 돈으로 한양에서 기와집을 살 정도였다.

이야기는 부와 명성을 거머쥔 전기수를 통해 널리 퍼져나갔다. 전기수는 조선 후기 소설 확산에도 크게 기여하게 된다. 백성에게 글과 책은 언감생심이거나 불온하기까지 했던 조선시대에 전기수는 인간의 서사나 이야기에 대한 욕망을 대리해주는 존재였다.

길거리
재담꾼의 제왕,
김옹

광화문 거리를 걷다가 문득 눈을 감고 상상해본다. 세종대왕과 이순신 장군의 동상이 있는 광화문광장이 육조거리로 변하고 즐비하게 서 있는 종로의 빌딩들 대신 운종가가 자리 잡은 모습으로 말이다. 그다음에는 사람이다. 양복 차림에 스마트폰을 만지작거리는 사람들 대신 갓을 쓰고 도포를 입고 곰방대를 문 채 팔자걸음으로 걷는 양반과 그 옆을 종종걸음으로 지나가는 백성이 떠오른다.

　그렇게 바쁘게 오가는 인파를 보다가 눈길이 멎는 곳이 있다. 담벼락 앞에 사람들이 모여 있다. 그들을 헤치고 앞으로 가면 떠꺼머리총각이 두 발을 모으고 얌전히 앉아 있다. 그 옆에 서서 사람들의 시선을 따라가다보면 담벼락을 등지고 노인이 서 있다. 그가 누구인지 알아보고 입가에 미소가 피어오른다. 그 역시 이야기를 시작하려는지 입을 오물거린다.

사람들을 웃기고 울리다

사람이 살아가는 데 의식주만큼 필요한 것이 바로 웃음이다. 웃음은 쳇바퀴 돌 듯 반복되는 지루한 삶을 지탱해주는 윤활유 역할을 한다. 그래서 사람들은 필사적으로 일요일 저녁 방송되는 코미디 프로그램을 본다. 다음 날 찾아올 월요일이라는 쳇바퀴를 잠시나마 잊기 위해서다.

조선시대라고 딱히 다르지는 않았다. 오히려 지금보다 더 힘들게 살았으니 시름을 잊게 해줄 웃음을 더 갈망했을 것이다. 그들에게는 코미디 프로그램 같은 것은 없었지만 다행스럽게도 그걸 대체해줄 존재가 있었다. 길거리에서 흔히 볼 수 있는 재담꾼이 바로 백성

대한제국 말기 종로거리. 김옹 같은 재담꾼은 이렇게 번화한 곳에서 많은 사람을 웃기고 울리면서 이른바 길거리 개그맨으로 인기를 끌었을 것이다.

의 웃음을 책임졌다. 거리의 코미디언이었던 이들은 우스꽝스러운 표정과 몸짓, 과장된 목소리로 웃음에 굶주린 사람들의 욕망을 채워주었다.

앞서 소개한 전기수가 이야기에 대한 갈망을 채워주었다면 재담꾼은 웃음을 책임졌다. 어쩌면 이들은 전기수와 쉽게 구별되지 않았을지도 모른다. 하지만 양쪽은 명백하게 다른 점이 있다. 전기수가 《삼국지》나 《임경업전》처럼 호흡이 긴 이야기를 들려주었다면 재담꾼은 짤막한 이야기들을 들려주었다. 아마도 양쪽 관객들도 미묘하게 차이가 있었을 것이다.

그리고 재담꾼은 전기수가 갖고 있지 않은 카드가 또 하나 있었다. 바로 풍자였다. 타임머신을 타고 18세기 조선으로 날아간다면 길거리에서 왁자지껄 모여 있는 사람들 앞에서 익살을 부리는 재담꾼과 쉽게 만날 것이다. 그 재담꾼이 나이가 들어 보인다면 냉큼 앞자리를 차지하는 게 좋다.

그가 바로 조선 후기에 가장 유명한 재담꾼 김옹金翁이다. 재담꾼은 글자 그대로 말로 웃기는 사람이다. 비록 존경의 대상이 되거나 돈을 많이 벌지는 못했지만 재담꾼은 많은 사람을 웃기고 울리면서 거리의 코미디언으로 인기를 끌었다. 그리고 김옹은 그중에서도 으뜸이었다. 이야기 주머니라고 불릴 정도로 이야깃거리가 다양했고, 귀신이 돕는 것 같다는 평을 들을 정도로 능수능란하게 사람들을 웃겼다.

대본 같은 게 있을 리 없고 사람들 앞에서 공연하다보니 분위기를

대구시장, 강경시장과 함께 조선의 3대 시장으로 꼽힌 평양시장의 대한제국 말기 모습. 재담꾼들은 사람이 많이 모여드는 전국 각지의 시장을 돌며 재담을 뽐냈을 것이다.

봐가면서 주제를 바꾸거나 즉흥적으로 이야기를 꾸몄을 것이다. 조 수삼이 쓴《추재기이》에는 그가 자주 들려주던 이야기가 바로 〈황새 결송〉이라고 나와 있다. 〈황새결송〉의 내용을 간단히 정리하면 다음 과 같다.

옛날에 한 지방의 어느 부자에게 먼 친척이 찾아온다. 친척은 다짜고짜 부자에게 재산의 절반을 내놓으라고 요구한다. 어처구니 가 없어진 부자가 거절하자 친척은 한양으로 올라가 소송을 건다. 부자는 당연히 이길 줄 알고 한양으로 올라왔지만 친척은 소송을 맡은 형조 관리에게 뇌물을 써놓은 상태였다. 결국 형조 관리는 부자에게 재산 절반을 친척에게 주라는 엉터리 판결을 내린다. 말도 안 되는 판결 내용을 들은 부자는 형조 관리에게 재미있는 이야기를 해주겠다며 황새결송을 들려준다.

어느 날 숲 속에서 사는 새들 사이에 시비가 붙는다. 누구 목소리가 가장 아름다운지를 놓고 다툼이 벌어진 것이다. 그러다가 마침내 숲 속에 사는 새들 중 가장 현명하다고 일컬어지는 황새에게 결판을 받기로 했다. 아름다운 목소리의 대명사인 꾀꼬리와 뻐꾸기가 강력한 우승후보로 꼽혔다. 그런데 목소리 대결이 펼쳐지기 전날 밤, 따오기가 은밀히 황새를 찾아갔다. 그리고 뇌물을 주면서 자신을 최고 목소리로 뽑아달라고 부탁했다.

다음 날, 숲 속 공터에 모인 새들은 각자 자기 목소리를 뽐냈다. 하지만 황새는 다들 아름답다고 여긴 꾀꼬리와 뻐꾸기의 목소리는 트집을 잡은 반면, 꽥 하는 소리만 낸 따오기의 목소리는 영혼이 담겨 있다며 가장 아름다운 목소리라고 치켜세웠다.

부자는 이 이야기를 마치고 고향으로 돌아갔고 형조 관리는 얼굴을 들 수 없었다. 졸지에 엉터리 판결을 내린 형조 관리는 새만도 못한 존재가 되고 말았다.

저자는 듣는 사람이나 보는 사람이 혹시 못 알아들을까봐 형조에서 벌어지는 송사를 앞에 깔아두는 친절함을 보였다. 하지만 당시 사람들이라면 〈황새결송〉 이야기만 들어도 대략 세태를 비꼬았다는 것을 어렵지 않게 알았을 것이다. 이 이야기는 조선 후기의 한글 단편소설집《삼설기三說記》*에 실려 있다. 웃음이 재미와 감동을 넘어서 사람들의 머릿속에 기억되려면 이런 풍자와 해학이 담겨 있어야 했다.

재담꾼들의 왕, 김옹

김옹은 모여든 사람들 앞에서 구성지게 이야기를 풀어내면서 큰 인기를 끌었다. 단순히 웃기는 수준을 넘어 시대의 잘못을 토로하고 부패한 관리를 비꼬는 통쾌함을 선사했다. 사람들은 익살스럽게 이야기하는 김옹에게 아낌없이 박수갈채를 보냈다. 그렇다면 김옹은 어떤 인물일까?

노인을 뜻하는 옹이라는 별명이 붙은 것을 보면 나이를 꽤 먹었다는 사실을 제외하고는 별다른 정보를 찾아볼 수 없다. 이 별명이 나이가 아니라 특징적인 외모 때문에 붙었을 수도 있다며 비슷한 시기에 활약한 다른 재담꾼과 같은 사람으로 보는 학자들도 있다. 별다른 배경 설명이 없다고 해서 김옹이라는 재담꾼이 하늘에서 뚝 떨어져 사람들 앞에 나타난 것은 아니다. 나이 든 재담꾼이라면 한양 곳곳, 아니 조선 팔도를 누비면서 사람들에게 웃음을 선사하고 솜씨를 뽐냈을 것이다. 그리고 그에 대한 소문을 듣거나 직접 이야기를 들은 선비가 붓을 들어 기록했을 것이다.

---

* 18세기 중반에 쓰인 작자 미상의 한글 단편소설집. 여러 가지 판본이 있는데 대체로 재담꾼이 많이 들려주던 이야기를 담았다.

풍자는 시대와 맞서는 웃음이나 다름없었다. 풍자할 것이 많은 세상도 문제였지만 그런 풍자조차 마음 놓고 못하는 세상이 더욱 큰 문제였다. 조선 민중은 관리들의 가혹한 수탈과 부당한 판결에 깊은 상처를 입었다. 김옹은 그런 민중의 아픈 마음을 〈황새결송〉을 통해 웃음으로 달래주었다. 길거리에서 이야기를 들려주면서 먹고사는 늙은 재담꾼에 불과한 김옹이 당대는 물론 오늘날까지 기억되는 이유도 여기에 있다.

당대의 기록들을 보면 이렇게 재주를 가지고 먹고사는 이들은 거지와 비슷한 대접을 받았다. 선비들이 붓을 들어 그들의 행적을 남긴 이유도 그들이 특이하고 재미있었기 때문이다. 하지만 그들이 어디에서 왔고 가족관계는 어떻게 되는지, 지나온 인생 역정이나 그 이후 삶이 어땠는지는 기록으로 남기지 않았다. 심지어 대부분 본명조차 알 수 없었다. 당대 재담꾼에게 따라붙은 시선도 크게 다르지 않다. 당사자들 역시 자신들에게 쏟아지는 천대와 멸시의 눈길을 모르지 않았을 것이다.

하지만 김옹은 늙은 나이와 하찮게 바라보는 시선을 딛고 우뚝 섰다. 보수세력에게 공산주의자로 몰려 망명해야만 했던 찰리 채플린 Charles Chaplin(1889~1977)은 인생은 멀리서 보면 희극, 가까이서 보면 비극이라는 말을 남겼다. 재담꾼의 삶 역시 그러했다. 김옹은 평생 사람을 웃기고 울렸지만 삶이 윤택하지는 못했을 것이다. 그럼에도 그는 오늘날까지 우리에게 기억되고 있다. 천대와 멸시를 이겨내고 해학과 풍자를 했기 때문이다.

세상을 풍자하는 재담꾼

권력이 모두의 것이 된 지금도 통치에 대한 불만은 하늘을 찌른다. 조선시대를 수놓은 반역과 음모, 손에 꼽을 만큼만 성공한 반정은 조선시대 역시 별반 다르지 않았음을 보여준다. 그나마 반정을 시도해볼 수 있는 위치에 있는 사람들을 제외하면 나머지는 그대로 당할 수밖에 없었다. 힘없는 백성이 기댈 수 있는 건 예나 지금이나 돌려서 비판하는 풍자뿐이었다.

탈춤놀이에서 양반이 바보처럼 당하고 그걸 본 구경꾼이 큰 소리로 웃음을 터뜨리는 것은 현실에서는 맛볼 수 없는 일이기 때문이다. 오래전부터 존재했던 재담꾼이 18세기를 넘어서면서 갑자기 눈길을 끈 것은 바로 이런 풍자를 담은 이야기를 들려줬기 때문이다. 부패한 사회를 누군가 비꼬고 조롱하는 것에 대리만족한 것이다. 현실의 불합리와 부패는 18세기뿐만 아니라 이전에도 있었다. 그런데 유독 이 시기에 접어들면서 재담꾼이 풍자를 하게 된 이유는 무엇일까? 그것은 한양이라는 도시의 성장과 연관이 깊다.

조선 후기에 들어서면서 한양에 인구가 늘어나고 경제활동이 활발해지자 삶에 여유가 생긴 계층이 늘어나고 각종 문화와 예술활동이 다양해졌다. 돈을 번 계층은 양반을 따라서 시회를 열었지만 그럴 여유가 없는 사람들은 대부분 길거리에서 볼 수 있는 재담꾼 이야기에 귀를 기울이는 것으로 만족해야 했다. 관심의 대상이 된 재담꾼은 풍자라는 자신만의 무기를 갖춤으로써 구경꾼의 사랑을 받는 동시에 오늘날까지 기억될 만한 자격을 갖추었다.

이는 없지만
말빨은 최고라오,
김중진

딱히 오락거리가 없던 조선시대에는 돈이 좀 있으면 기방에서 기생들과 어울리거나 술을 마시며 놀았다. 하지만 하루 벌어서 하루 먹고살기도 힘든 대다수 백성에게 그건 그림의 떡이나 다름없었다. 그런 백성에게 길거리에서 펼쳐지는 공연은 가뭄의 단비 같은 것이었다. 악기를 연주하는 악공도 있었고, 소설 내용을 들려주는 전기수도 있었지만 가장 사랑을 받은 이들은 익살과 풍자를 곁들인 재담꾼이라고할 수 있다. 뇌물을 받고 거리낌 없이 잘못 판결하는 관리들을 비꼰 〈황새결송〉을 주요 이야깃거리로 한 김옹이 대표적 재담꾼이라면 그에 못지않은 인물이 김중진金仲眞이다.

정조 때 활약한 재담꾼 김중진은 익살스러운 농담과 세태를 풍자한 이야기를 들려주는 것으로 유명했는데, 재미있게도 과농이라는 별명으로 불렸다. 오이무름이라는 뜻의 과농은 오이를 푹 삶은 다음 초간장으로 간을 하고 생강과 후추를 넣어서 만든 요리인데, 치아가 없는 노인이 먹기 좋은 음식이다. 사람에게 음식 이름이 별명으로 붙는 경우는 그걸 닮았거나 무지 좋아하거나 둘 중 하나다. 그런데 사람이 오이를 닮을 리 없으니 과농을 엄청 좋아했기 때문에 이런 별명이 붙었을 것이다.

김중진이 푹 익힌 과농을 좋아하고 이것이 별명이 된 이유는 그가 젊은데도 이가 모두 빠져버렸기 때문이다. 지금처럼 틀니를 할 수 없는 시절이었으니 잇몸으로 먹을 수 있는 음식을 찾을 수밖에 없었다. 보통 사람이 젊은 나이에 이런 상황에 처했다면 두고두고 놀림거리가 되었을 것이다. 하지만 김중진은 이를 오히려 자기 장점으로 승화시켰다. 보기만 해도 웃음보가 터지는 외모였으니 구경꾼의 눈길을 단번에 잡아끌 수 있었을 것이다.

웃기는 외모와 익살

김중진이 재담꾼으로 이름을 떨친 건 단순히 우스꽝스러운 외모 때문만은 아니었다. 그는 특히 세태를 풍자하는 이야기를 들려줌으로써 진가를 발휘했다. 풍자와 해학의 달인이라는 평도 들었는데, 그중에서도 〈세 선비의 소원〉이라는 다소 교훈적인 이야기로 많은 관심을 끌었다.

어느 날, 저승사자의 잘못으로 예정보다 일찍 하늘나라로 간 세 선비가 옥황상제 앞에 서게 되었다. 옥황상제는 그들을 다시 현생으로 돌려보내주기에 앞서 소원을 하나씩 들어주겠다고 했다. 그러자 첫 번째 선비가 나서서 말했다.

"저는 다시 태어난다면 이름난 가문에서 마음껏 책을 읽고 훌륭한 스승 밑에서 공부하고 싶습니다. 그래서 과거시험에서 장원으로 뽑혀 높은 관직에 올라 임금님을 모시고 역사에 이름이 남기를 바랍니다."

그러자 옥황상제는 그 선비가 살아생전에 음덕이 있었으니 마땅히 들어주겠다고 했다. 두 번째 선비가 소원을 말했다.

"생전에 겪은 가난이 너무 지긋지긋했습니다. 부잣집에 태어나서 많은 돈으로 부모와 처자식을 배불리 먹이고 주변 사람들에게 넉넉히 베풀고 싶습니다. 부디 제 소원을 들어주십시오."

이야기를 들은 옥황상제는 두 번째 선비가 생전에 가난하게 지낸 것은 전생에 부자로 살면서 다른 사람을 업신여기고 오만방자하게 굴었던 것에 대한 벌이었다고 했다. 하지만 그의 조상이 공덕을 쌓았으니 조상을 봐서 소원을 들어주겠다고 대답했다. 두 선비가 물러난 뒤 옥황상제는 마지막 선비를 보았다. 잠시 고민하던 그 선비가 입을 열었다.

"저는 앞의 두 사람처럼 출세하거나 부귀영화를 누릴 생각은 없습니다. 다만 홍수와 가뭄이 들지 않고, 부역과 세금이 없으며, 산과 물이 있는 좋은 땅에 지그마한 집을 짓고 논밭을 약간 갖고 싶습니다. 논밭을 일궈서 나온 곡식으로 가족을 부양하고, 자식들은 말썽을 부리지 않으며, 노비들도 말을 잘 들어 번거롭고 귀찮은 일이 없으면 좋겠습니다. 그렇게 백 살까지 편히 살다가 병 없이 죽는 것이 제 소원입니다."

마지막 선비의 소원을 들은 옥황상제는 자신이 앉아 있던 의자를 쓰다듬으면서 말했다.

"지금 내가 말한 것이 바로 청복이라고 하는 것이다. 세상 사람들이 진정 원하는 일이지만 아무에게나 줄 수 없는 것이지. 그런 복을 누릴 수 있다면 내가 어찌 이 자리에 아쉬움이 있겠느냐?"

부당한 판결을 아무렇지도 않게 내리는 관리를 날카롭게 비판했던 〈황새결송〉과는 지향점이 약간 다른 유명한 이 이야기는 〈황새결송〉과 함께 《삼설기》에 실려 있다.

같은 듯 다르다

부패한 권력을 강력하게 비판하고 이에 도전한 〈황새결송〉과 달리 〈세 선비의 소원〉은 큰 욕심을 버리고 평범하게 사는 삶이 주는 행복을 되새겨보라는 다소 교훈적인 이야기를 재미있게 풀어냈다. 한때 유행했던 힐링을 강조하는 이야기이기도 하다. 그래서인지 김중진의 활약상을 자신의 문집 《소은고小隱藁》에 실은 김희령金羲齡●은 그 이야기가 비록 시대를 풍자하지는 않았지만 나름대로 큰 깨우침을

● 조선 후기의 대표적 여항문인이다. 가난했지만 주변을 잘 챙기고 시를 잘 지어서 많은 사람의 칭송을 받았다.

〈담배썰기〉, 김홍도, 《단원 풍속화첩》, 국립중앙박물관 소장. 그림 왼쪽 아래 부채질을 하는 인물은 장부를 읽어주고 있는 것으로 보인다. 그림이 묘사하는 것처럼 전기수와 같은 이야기꾼들의 모습도 이와 유사하지 않았을까?

주었다고 평했다. 촌철살인하는 풍자는 아니라 해도 삶을 돌아보게 만드는 역할을 나름대로 했다고 인정한 것이다.

김옹과는 같은 듯 다른 지향점을 보여준 것은 이 시기 조선 사회가 그만큼 복잡하게 돌아갔다는 반증이다. 어떤 사람은 김옹의 〈황새결송〉을 들으면서 속이 시원하다고 중얼거렸을 테고, 어떤 사람은 〈세 선비의 소원〉을 듣고 고개를 끄덕였을 것이다. 단지 먹고살기 위해 남들을 웃기는 재담꾼에게 이렇게 많은 의미를 부여하고 분석하는 것은 웃음이 그 시대를 해석할 수 있는 또 다른 열쇠이기 때문이다.

김중진과 김옹이 같은 사람?

두 사람이 워낙 명성을 떨쳤기에 동일인물일 거라는 주장이 나왔다. 이런 주장은 대부분 외형이 비슷하거나 두 사람 별명의 발음이 비슷하다는 것을 기반으로 한다. 하지만 김중진의 행적과 이야기를 기록한 김희령은 그가 젊은데도 이가 모두 빠졌다고 명백하게 서술했다.

반면 김옹은 별명에서 알 수 있듯이 확실히 나이가 들었다. 만약 두 사람이 동일인물이라면 나이가 들어 이가 빠지는 건 당연하기 때문에 김중진에게 군이 과농이라는 별명을 붙일 이유가 없다. 뭔가 이치에 맞지 않거나 이상할 때 눈길을 끌고 별명이 붙기 때문이다. 설사 이상한 점이 있다 해도 당시 사람들이 남겨 놓은 기록은 반박할 수 있는 명백한 자료가 나오기 전까지는 존중하는 것이 맞다. 무엇보다 김중진과 김옹이 동일인물이었다면 양쪽의 서술에서 공통점이 하나라도 있어야 한다. 특히 각자 레퍼토리로 삼은 이야기가 완전히 다르다는 점에서 둘은 서로 다른 인물이라는 것을 알 수 있다.

책을 사고파는 뱀파이어, 조신선

조선은 책의 나라라고 해도 지나친 말이 아니다. 국가에서 정책적으로 책을 간행했으며, 이른 시기부터 금속활자를 실용화했다. 이웃 나라 일본이 늦게까지 목활자를 사용한 것에 비하면 많이 앞섰다고 할 수 있다. 나름대로 인쇄기술이 발달했다고 하지만 조선시대에 책은 귀한 물품이자 재산이었다.

당시 책은 지금과 비교할 수 없을 만큼 귀중품이었다. 돈이 있다고 해서 살 수 있는 것도 아니었다. 서점 같은 데서 직접 눈으로 보고 살 수 있는 것도 아니어서 잘못하면 헛돈만 쓰고 원하는 책을 손에 넣지 못할 수도 있었다. 따라서 원하는 책을 손에 넣으려면 반드시 중개상이 필요했다. 그것도 책에 대해 아주 잘 아는 중개상 말이다. 서쾌書儈 또는 책쾌冊儈라고 불리는 서적 중개상들이 일찍부터 맹활약을 했다. 그렇다고 해서 책쾌를 단순히 서적 중개상으로만 치부할 수는 없다.

조선시대는 지금처럼 책에 대한 정보를 쉽게 얻을 수 있는 시대가 아니었으므로 책쾌는 책의 소유주나 책 상태를 잘 알고 있어야 했다. 당연히 책을 읽어야 했으므로 한자를 알아야 하는 것은 물론 책을 팔고 사는 사람들과도 두루 친하게 지내는 넓은 인맥과 원만한 대인관계도 필수적이었다. 따라서 책쾌는 단순한 장사꾼이 아니라 지식을 사고파는 존재라고 봐도 무방했다.

조선 후기 학자 유만주俞萬柱가 남겨놓은 일기《흠영欽英》에는 조신선曹神仙이라고 불리는 책쾌와의 대화가 있다. 유만주가 구하고 싶은 책의 제목과 판본을 이야기하면 조신선이 기다렸다는 듯 구할 수 있는지 없는지부터 누가 가지고 있고, 가격이 얼마나 되는지 술술 대답하는 장면이 나온다. 책에 대한 광범한 지식이 없으면 불가능한 일이다. 따라서 책쾌는 책이 필요한 선비들에게는 필수불가결한 존재였다. 유만주가 대화를 나눈 조신선은 그중에서도 가장 눈에 띄는 존재였다.

책의 신선

조선시대를 통틀어 많은 책쾌가 활동했지만 영조 때 활동했던 조신선은 개중에도 두드러졌다. 정약용 같은 당대 지식인은 물론이고 한양 백성 중에도 그를 모르는 이가 없었다. 그가 이렇게 명성을 떨치게 된 데는 책에 대한 광범한 지식이 밑바탕이 되었지만 그 외에도

〈태평성시도〉일부, 미상, 국립중앙박물관 소장. 성 안의 생동감 넘치는 생활 모습을 담은 풍속도다. 조신선 같은 서적 중개상도 그림에서와 같이 책을 팔았을 것으로 짐작해볼 수 있겠지만, 사실 조선시대에 서점은 극히 드물었다.

독특한 행색과 배경도 한몫했다.

일단 그의 이름은 물론 나이나 고향도 전혀 알려져 있지 않다. 조씨라는 성만 확인되지만 그것도 사실인지 불분명하다. 조생원이나 줄임말인 조생이라고도 불렸기 때문에 과거의 한 종류인 초시初試에 합격한 선비라고 추정하기도 한다. 하지만 이 시기가 되면 관례적으로 나이든 어른을 생원이라고 불렀다는 점도 감안해야 한다.

그가 언제부터 책쾌 노릇을 했는지는 아무도 모른다. 하지만 그는 해만 뜨면 항상 책을 끼고 한양을 누비고 다녔다. 책이 있는 곳이라면 서당부터 관청까지 장소를 불문하고 어디든 나타났다. 그리고《소학》을 읽는 코흘리개 학동부터 청나라에서 넘어온 희귀한 서적을 구하는 지체 높은 선비까지 다양한 손님을 만났다. 사람들과 오랫동안 어울려 지냈기에 넉살도 좋고 아는 것도 많아서 누가 말을 붙여도 꿀리지 않았다. 술을 좋아해 책을 사고팔아 이익이 남으면 주막으로 달려가 고주망태가 되도록 마셨다.

하지만 밥 먹는 것을 본 사람이 없고 어디에서 머무는지 아는 사람도 없었다. 짚신과 베옷으로 사시사철을 보냈으니 돈을 벌려고 책을 판 것도 아니었다. 그는 다양한 고객을 상대로 책을 팔았는데, 선비뿐만 아니라 학동이나 마부까지 가리지 않았다. 이렇게 폭넓은 고객을 상대하려면 그들이 어떤 책을 원하고 그것을 구하려면 어떻게 해야 하는지 꿰뚫어야 했다. 이런 모습은 주변 사람들에게 매우 기이하게 비쳤을 것이다. 누군가 왜 그렇게 책을 고생스럽게 사고파느냐고 묻자 그는 이렇게 대답했다.

"나는 비록 책을 가지고 있지 않지만, 누가 무슨 책을 언제부터 가지고 있는지 잘 알고 있다오. 그리고 그 책 내용이 무엇이고 누가 언제 썼는지도 꿰뚫고 있지. 그러니까 이 세상의 책은 모두 내 책이란 말이오. 세상의 책이 모두 사라진다면 나는 책을 팔지 않을 것이고 이렇게 술잔을 기울이지도 못할 거요. 이는 하늘이 나에게 점지해준 일이니 죽을 때까지 책을 사고팔 생각이오."

조신선은 분명히 책을 사고파는 것을 상행위나 의식주 해결 수단으로 여기지 않았다. 그는 책을 사고파는 것을 자기 운명이라고 여겼다.

책을 사고파는 뱀파이어

조신선의 대답에서 우리는 그의 책에 대한 광적인 집착을 느낄 수 있다. 정약용을 비롯한 당대 선비들은 이런 조신선의 모습에 깊은 인상을 받았는지 붓을 들어 행적을 기록했다. 정약용은 아예 그를 주인공으로 하는 짧은 전기소설 《조신선전曹神仙傳》을 썼고, 조선 후기 문인 서유영徐有英(1801~1874?)이 쓴 설화집 《금계필담錦溪筆談》에도 그의 행적이 나와 있다.

조신선은 규장각 서리 유재건劉在建(1793~1880)이 특이한 삶을 산 중인과 평민의 삶을 적은 《이향견문록》에도 한자리를 차지했으며, 앞서 소개한 유만주도 《흠영》에 조신선과의 대화를 남겨놓았다. 조수삼 역시 《추재기이》에 그에 대한 기억을 적었는데 눈에 띄는 부분이 있다. 그가 어린아이였을 무렵 아버지가 조신선에게서 당나라와 송나라의 유명한 문장가인 당송팔대가 문장을 정리한 《팔가문八家文》을 구입해서 그에게 건네준 것이다. 그리고 조신선을 소개하면서 다음과 같은 말을 남겼다.

"이 사람이 바로 책을 사고파는 일을 하는 조생이다. 우리 집에 있는 책은 모두 이 사람에게서 사들였지."

어린 조수삼의 눈에 비친 조생, 그러니까 조신선은 마흔 남짓의 중년 사내였다. 그 후 조수삼은 조신선과 가깝게 지내면서 자주 왕래하는데 40년이 지난 지금도 여전히 늙지 않고 그대로라면서 놀라움을 표시했다. 조수삼은 세월이 흘러 자신은 흰머리가 나고 손자를 봤는데, 조신선은 여전히 장대한 체구에 불그스름한 뺨, 푸른 눈동자에 검은 수염이라면서 신기해했다.

앞서 그가 어디에 사는지, 어떤 일을 했는지 전혀 알려진 바가 없다고 했다. 거기다 술은 마시지만 밥을 먹는 모습을 본 사람도 없었다. 낮에 다닌다는 것만 빼면 영락없이 뱀파이어였다. 확실한 건 뱀파이어만큼이나 신기한 존재로 비춰졌다는 점이다. 호기심에 못 이긴 사람들이 나이를 물으면 그는 몇 년 동안 계속 서른다섯이라고만 대답했다. 왜 계속 서른다섯이라고 하느냐는 물음에 조신선은 이렇게 대답했다.

"살아가기에 가장 좋은 나이가 서른다섯이라 그런다오. 그래서 더는 나이를 세지 않소이다."

또 다른 누군가가 그의 나이가 수백 살이라고 하자 그는 빙그레 웃으며 대꾸했다.

"당신은 어떻게 수백 년 전 일을 아는가?"

그렇지만 그의 이야기를 가만히 들어보면 수백 년 전 있었던 일을 어제 일처럼 잘 기억한다는 수군거림이 뒤따랐다.

최대의 위기

이렇게 맹활약을 하던 조신선을 비롯한 책쾌들에게 영조 47년(1771) 날벼락이 떨어졌다. 영조가 불온서적인 《명기집략明紀輯略》을 유통한다는 명목으로 책쾌들을 모두 체포하라는 영을 내린 것이다. 《명기집략》에 이성계李成桂(1335~1408)가 이인임李仁任(?~1388)의 아들이고 공민왕, 창왕, 우왕, 공양왕을 시해했다는 내용이 문제였다. 명나라 《태조실록太祖實錄》과 《대명회전大明會典》에 나온 내용이 그대로 적혀 있는 것인데, 조선에서는 이 문구를 고치기 위해 무려 200년 동안이나 사신을 보내 항의했다. 종계변무宗系辨誣라고 불린 이 문제는 임진왜란 직전에 해결되었다. 그런데 엉뚱하게도 몇백 년 뒤 불사신처럼 튀어나온 것이다.

뒤늦게 이 사실을 안 영조는 크게 노해 이 불온서적들을 소지하거나 유통하는 자들을 모두 잡아들이라고 명령했다. 특히 책을 사고팔던 책쾌들이 큰 타격을 받았다. 죽은 책쾌만 100여 명에 달했다고 하니 어마어마한 파장을 남긴 것이다. 이희천李羲天을 비롯한 몇몇 선비와 책쾌들이 처형당했으며, 잘린 목은 며칠 동안 거리에 걸렸다.

이 일은 자기 정책에 사사건건 반대하는 노론을 손봐주기 위한 영조의 작품이기도 했다. 그렇게 보는 이유는 이희천이 영조의 정치적 파트너로서 탕평책에 반대하던 노론의 선비였기 때문에 본보기로 처형했다는 견해 때문이다. 이는 영조의 사위도 이 책을 가지고 있었지만 별다른 처벌을 받지 않았다는 점 때문에 더욱 신빙성을 가지게 되었다.

어쨌든 이 사건은 책을 가지고 있다고 자수한 선비들과 책쾌들을 멀리 유배 보내는 것으로 정리되었다. 하지만 이 사건으로 한양의 책쾌들은 종적을 감춰야만 했다. 영조의 정치적 노림수로 책쾌들이 봉변을 당한 셈이었다. 체포된 책쾌들이 사형에 처해지고 가족이 모두 유배를 떠난 와중에 조신선도 슬그머니 사라졌다. 하지만 몇 해 뒤 다시 나타난 그는 여전히 책을 가슴에 품고 달렸다. 죽음조차 책을 향한 그의 뜀박질을 막지 못한 것이다.

19금 이야기의
일인자,
의영

걸그룹의 과다한 노출과 선정적인 안무가 심심찮게 언론에 오르내렸다. 청소년에게 악영향을 줄 수 있다는 우려와 함께 성性의 상품화라는 비난이 쏟아졌다. 자라나는 새싹들에게 나쁜 영향을 주지 않겠다는 어른들의 눈물겨운 노력을 보면서 남녀칠세부동석의 나라 조선에서는 어른들이 이런 걱정을 하지 않았을 것이라고 지레짐작할 것이다. 하지만 조선시대 역시 성의 상품화와 과다 노출 문제는 얼마든지 있었다. 단지 지금처럼 텔레비전을 비롯한 매체들이 없었기 때문에 파급되지 않았을 뿐이다.

일단 조선에서는 국가에서 사대부들의 성적 노리개 노릇을 하는 기생들을 관리했다. 아울러 남녀 간의 정사를 노골적으로 묘사한 중국 4대 기서 중 하나인 《금병매金瓶梅》를 읽지 않은 선비를 찾아보기 어렵다는 말이 있을 정도였다. 그러니 조선이 성의 청정구역이었다는 우리 통념은 틀린 것이다.

잠을 쫓는 방패라는 뜻의 야담집 《어면순御眠楯》에는 온갖 음담패설이 들어 있다. 교과서에 나오는 조선시대 대표적 화가 김홍도와 혜원蕙園 신윤복申潤福이 남긴 그림 중에는 남녀 간의 정사를 묘사한 춘화도春花圖가 들어 있다. 이름 모를 화가들이 그린 무수히 많은 춘화도 역시 남아 있다. 그러니 조선시대 양반들은 점잖고 부인들은 정숙했다는 이야기는 우리가 상상한 이미지에 가깝다.

북한의 개성공단에서 일하는 우리 쪽 근로자들은 북한 사람들이 음담패설을 즐기는 경향이 있다고 술회했다. 돌이켜보면 1980년대 우리나라에서도 음담패설이 유행한 적이 있다. 사회가 권위적이거나 엄숙할수록 그런 이야기가 사랑을 받았다. 그렇다면 조선시대에 음담패설이 유행하고 사랑을 받은 이유도 어렴풋이 짐작할 수 있다.

음담패설의 제왕

《추재기이》를 비롯해서 여러 기록을 살펴보면 조선 후기는 우리 예상보다 훨씬 수위가 높은 성인문화가 존재했다고 볼 수 있다. 기방에서는 신입 기생들을 길들이기 위해 손님들 앞에서 옷을 다 벗기는 신고식을 했다. 재담꾼 김옹도 음담패설집인 《어면순》에 담긴 내용을 자주 이야기했다고 하니 동서고금을 막론하고 성에 관한 호기심과 열정은 차이가 없는 것 같다. 유학을 숭상하던 사대부의 나라 조선 역시 아랫도리는 무장해제를 한 셈이다.

〈사시장춘〉, 신윤복, 국립중앙박물관 소장. 방문 앞에서 술병을 받쳐든 소녀가
발걸음을 멈칫하며 망설이는 것으로 방 안의 춘정을 나타낸다. 의영은 이처
럼 은유로서의 에로티시즘이 아닌, 노골적인 음담패설과 성애 묘사로 음란한
판타지를 대리해주었다.

그런 조선의 음란함을 상징적으로 보여주는 인물이 바로 의영義榮이다. 그는 길거리에서 사람들에게 재미있는 이야기를 들려주는 재담꾼이었다. 실력은 김옹이나 김중진 같은 이들에게 미치지 못한 것으로 보이지만 그에게는 비장의 무기가 있었으니 바로 음담패설이었다. 그것도 슬쩍 비춰주는 정도가 아니라 아주 노골적으로 선보였는데, 그것도 모자라 남자와 여자가 관계를 맺을 때 내는 신음과 자세를 적나라하게 보여줬다.

거기에 곁들여 동물들 흉내를 냈다고 하니 아이들도 왔다 갔다 하는 대낮 길거리에서 노골적인 19금 공연이 펼쳐진 셈이다. 그렇다면 의영이 이런 쪽으로 관심이 많았을까? 아니면 실력으로는 재담꾼을 넘을 수 없을 것 같아 자기만의 분야를 개척했을까? 그는 사람들 앞에서 당당하게 말했다.

"천하에 즐기고 구경할 만한 것으로 이것만 한 것이 없다. 가볍게만 생각하지 말고 도안道眼, 즉 진리를 탐구하는 자세로 바라본다면 충분히 즐길 수 있을 만큼 터득할 수 있고, 과하지 않게 조절할 수 있다."

당당한 음란함

이 이야기는 의영이 길거리에서 음담패설을 하고 음란공연을 한 것이 다른 재담꾼들과 경쟁해 이기기 위해서나 호기심 때문만은 아니라는 사실을 암시한다. 비록 난잡하고 음란하다는 비난을 받았을지 모르겠지만 나름대로 확고한 주관을 가지고 활동한 것이다.

다른 재담꾼에게서는 보기 어려운 노골적인 음담패설과 음란함 덕분에 그는 거리의 명물이자 스타로 대접받으면서 조수삼이 쓴 《추재기이》의 한 페이지에 실리는 영광을 누렸다. 조수삼은 효녀와 효자, 명망 높은 학자들과 위대한 시인들 사이에 이렇게 음란함으로 먹고사는 사람을 올렸다. 그것은 의영의 존재, 나아가 음담패설과 외설이 백성에게 얼마나 큰 사랑을 받았는지를 보여준다.

성대모사의
달인,
뱁새와 황새

목소리로 다른 사람이나 악기 또는 새나 짐승의 소리를 흉내내는 것을 성대모사라고 한다. 요즘 토크쇼에서 가장 많이 하는 개인기이자 장기자랑 하면 하나쯤 나오는 레퍼토리다. 조선시대에는 성대모사를 입으로 내는 재주라는 뜻에서 구기口技라고 했다.

조선시대 구기꾼은 전기수나 재담꾼처럼 길거리에서 공연하면서 백성에게 큰 인기를 끌었다. 구기꾼은 관객들에게 사람의 목소리는 물론 동물이나 새 소리를 실감나게 들려줬다. 심지어 악기 소리를 내고, 연주까지 해서 사람들을 놀라게 했다. 그 덕분에 구기꾼은 사랑을 많이 받았는데, 별 생각 없이 들어도 재미있고 신기했기 때문이다.

인간의 성대라는 가장 기본적인 장치로 다른 소리를 흉내낸다는 것은 무척 매혹적인 일이다. 구기는 본래 광대의 레퍼토리 중 하나였다. 하지만 언제부터인가 구기만 전문적으로 하는 사람들이 생겨났다. 그것은 구기가 다른 재주와 견주어도 빠지지 않을 만큼 인기를 누렸다는 의미일 것이다.

뱁새와 황새

조수삼의 《추재기이》에는 뱁새라는 별명으로 불린 구기꾼이 소개되어 있다. 뱁새라는 별명답게 키가 3척(90센티미터)이 되지 않고 얼굴이 어린아이처럼 작았다고 한 것을 보면 왜소증을 앓았던 것으로 보인다. 하지만 성대모사 실력만큼은 탁월했는데 특히 악기 소리를 잘 냈다고 한다. 장애를 가지고 태어났으니 먹고살기 위해 필사적으로 구기를 익혔을 것이다. 사람들 앞에서 재주를 부릴 때는 특이한 외모가 오히려 도움이 될 수 있다. 뱁새 역시 작고 어린아이 같은 얼굴로 능숙하게 입으로 소리를 내면서 인기를 끌었다.

뱁새는 입으로 생황이나 퉁소 같은 악기 소리를 내면서 동시에 코로 거문고와 비파 소리를 내는 귀신같은 솜씨를 발휘했다. 다른 사람들은 보통 한 번에 한 가지 소리만 냈는데 뱁새는 두 가지 소리를 내는 것은 물론 화음까지 맞춰 처음 듣는 사람은 자기 귀를 의심했다. 게다가 원래 악기가 내는 소리보다 더 실감났으니 얼마나 큰 인기를 끌었을지 짐작이 간다.

다른 구기꾼을 압도하는 뛰어난 솜씨 덕분에 뱁새는 기방이나 양반집 잔치에 자주 초대를 받았는데 이때 형이 늘 붙어다녔다. 그런데

생황, 경기도박물관 소장(왼쪽). 통소, 인천시립박물관 소장(오른쪽). 국악기 중 유일하게 화음을 내는 생황과 세로로 부는 관악기인 통소가 내는 소리를 뱁새는 입으로 냈다고 하니 그 재주가 얼마나 뛰어났는지 짐작할 수 있다.

형은 동생과 반대로 키가 훤칠해서 황새라고 불렸다. 키 차이가 꽤 많이 나는 것으로 봐서 친형제가 아니라 경호원이나 매니저쯤 되었을 것이다. 별명이 뱁새와 황새였으니 이들을 보는 것만으로도 사람들은 빵 터졌을 것이다. 그걸 노리고 일부러 키가 큰 사람을 골라 형이라고 했는지도 모르겠다. 조수삼 역시 《추재기이》에 두 사람의 인상 깊은 모습을 시로 남겨놓았다.

노래도 아니고 휘파람도 아닌 것이
구름을 뚫고 하늘까지 솟구치네.

코에서는 거문고와 비파 소리 들리고

입에서는 생황과 통소 소리 들리네.

협객들의 소굴에서 들려오는 음악에는
우스운 이야기가 따라붙는다.

형님은 황새요
아우는 뱁새라네.

협객들의 소굴은 한량과 왈짜가 어울리는 노름판이 아니었을까 조심스럽게 추측해본다. 어쨌든 키 작은 뱁새 동생과 키 큰 황새 형이 등장하는 것만으로도 이슈가 되었다. 길거리를 지나가면 지금처럼 사인 공세까지는 아니더라도 다들 알아보지는 않았을까.

그 밖에도 지역마다 나름대로 구기를 잘한다는 사람이 한둘씩은 있었는데, 이는 그만큼 잘 알려지고 사랑을 받았기 때문으로 보인다. 부담 없이 웃고 즐길 수 있는 예능은 오늘날까지 살아남았다. 텔레비전에서 개그맨이나 일반인이 성대모사를 깜짝 놀랄 만큼 잘하면 조선시대 입으로 백성의 사랑을 받은 키 작은 구기꾼 뱁새와 꺽다리 황새를 떠올린다.

3장
딴따라들, 나의 길을 가련다

조선의
Top밴드를 결성하다,
김성기

우리가 알고 있는 조선시대 음악은 궁중음악인 아악雅樂과 판소리가 전부다. 하지만 아악은 궁궐 안에서만 연주되었고, 판소리는 19세기나 되어서야 체계화되었다. 그전 시기에 사람들의 귀를 즐겁게 해준 음악은 따로 있었다. 아악과 판소리를 클래식에 비교한다면 백성이 즐기던 대중음악과 비교될 만한 존재는 무엇일까? 거리에서 연주하던 악사들이 바로 그런 존재라고 할 수 있다.

18세기에 접어들면서 여항문화로 표현되는 대중문화가 꽃을 피웠는데, 여기에는 음악도 들어 있었다. 잔치판에 가서나 들을 수 있었던 음악이 거리 곳곳에서 울려 퍼졌다. 대중에게 음악을 선보이고 그걸로 생계를 유지하는 이들이 늘어나면서 수많은 음악 명인을 탄생시켰고, 그들을 불멸의 존재로 만들었다.

그중 돋보인 이가 바로 숙종 때 태어나 영조 때 활약한 김성기金聖基(1649~1725)였다. 거문고 연주로 이름을 날렸던 그는 특이하게도 젊은 시절, 궁궐에 의복과 각종 물품을 공급하는 관청인 상의원尙衣院에 속한 상방궁인尙方弓人, 즉 활을 만드는 장인이었다. 집안 가업이라고 볼 수 있지만 관청에 소속된 공노비公奴婢일 개연성도 배제할 수 없다.

어쨌든 그는 아버지와 할아버지에게는 없었던 재주가 하나 있었으니, 바로 거문고를 탁월하게 연주한 것이다. 활을 만드는 장인이 거문고를 제대로 배웠을 리 만무했지만, 그는 누구보다도 재능이 뛰어났고 열정이 강했다. 일하는 틈틈이 거문고를 배운 김성기의 거문고 실력은 일취월장했다. 하지만 더 많은 것을 배우고 싶던 그는 장안에서 이름난 거문고 연주자 왕세기王世基를 찾아갔다. 김성기는 자신을 제자로 받아달라고 간청했지만 왕세기는 그의 부탁을 무시했다.

"활을 만드는 녀석이 어찌 거문고를 배운단 말이냐. 썩 물러가라!"

아마 활을 만드는 직업 때문이 아니라 신분 때문에 제자로 받아들이기를 꺼려한 것으로 보인다. 아니면 그의 천재성을 보고 자신을 뛰어넘지 않을까 염려했을지도 모른다. 뛰어난 제자는 종종 스승의 밥줄을 끊어버리곤 했으니까 말이다.

활을 만드는 장인

그렇지만 김성기는 쉽게 물러나지 않았다. 왕세기 집 밖에 숨어서 귀를 기울이고 있다가 그의 거문고 연주 소리를 듣고 따라서 연습했다.

소리를 귀로 듣고 그대로 재현한다는 것은 절대 쉬운 일이 아니다. 오랜 시간 연습과 경험뿐만 아니라 천부적 자질 역시 필요했다. 그렇게 힘들게 창 밖에서 엿들으며 연습하던 어느 날, 그만 왕세기에게 들키고 말았다. 뭔가 이상한 느낌이 든 왕세기가 갑자기 창문을 열어젖힌 것이다. 김성기의 오랜 도둑 과외는 이로써 막을 내렸다.

김성기는 펄펄 뛰는 왕세기 앞에서 그동안 몰래 들었던 것들을 연주했다. 그의 실력과 열정에 왕세기는 자기도 모르게 감탄하고 말았다. 그리고 그를 제자로 받아들여 자기가 가진 모든 것을 가르쳤다. 김성기의 실력은 왕세기에게 제대로 배우면서 갈수록 늘었고, 얼마 뒤에는 한양에서 최고 거문고 연주자라는 명성을 얻게 되었다.

활 만드는 일을 그만두고 거문고 연주에만 전념하게 된 김성기는 비파와 퉁소 연주 솜씨도 탁월했으며, 직접 작곡한 연주곡은 한양에서 금방 유행했다. 그가 얼마나 유명했는지는 한양의 잔치판에서 확인되었다. 사대부 잔치에는 빠지지 않고 초대받았는데 그가 있느냐 없느냐에 따라 잔치 등급이 결정되었다고 한다.

〈육률악기〉, 김준근, 서울역사박물관 소장. 그림 속 악단처럼 김성기와 김천택은 당대 최고의 실력자들을 모아 경정산가단이라는 일종의 밴드를 만들어 활동했다.

운명적인 만남

그러다 김성기는 시조에 곡을 붙여 노래처럼 부르는 시조창時調唱 명인 김천택金天澤과 운명적으로 만나게 된다. 고려 후기부터 조선 후기까지 전해오는 시조들을 모아서 엮은 시조집으로 김수장의 《해동가요海東歌謠》, 박효관朴孝寬(1834~1907)·안민영安玟英(1816~1885)의 《가곡원류歌曲源流》와 더불어 3대 시조집으로 꼽히는 《청구영언靑丘永言》을 쓴 김천택은 김성기보다 한참 어렸다. 하지만 예술가에게 나이는 숫자에 불과할 뿐이었다. 김성기와 김천택은 서로 실력을 알아보고 나이와 관계없이 친구로 지내기로 했다. 김성기의 거문고 연주에 맞춰 김천택이 시조창을 하면서 둘은 자연스럽게 팀을 이루었다. 그리고 두 사람 주변에 솜씨 좋은 동료들이 모여들었다.

김천택은 이렇게 모인 동료들과 함께 가단歌壇을 구성했다. 사대부들의 전유물인 시조가 중인과 평민들에게 퍼져나가면서 변화의 물결이 일었다. 언제부터인지는 모르지만 시조에 음률을 넣어서 노래처럼 부른 것이다. 이런 사람들을 가객歌客이라고 불렀다. 시조창은 중인과 평민 계층 사이에서 대단한 인기를 끌었다. 이런 가객들의 모임을 가단이라고 했다.

처음에는 마음에 맞는 가객들끼리 모여서 술 한잔하면서 자신의 솜씨를 뽐내거나 상대방 노래에 귀를 기울였을 것이다. 그러다가 차츰 세상에 모습을 드러내면서 이름을 남기게 되었다. 그러니까 일종의 밴드가 구성된 것이다. 김성기가 김천택과 함께 만든 가단은 당나라 시인 이백李白(701~762)의 시에 나오는 산의 이름을 따서 경정산가단敬亭山歌壇이라고 불렸다. 이 가단에는 두 사람 외에 김유기金裕器, 김중려金重呂, 문수빈文守彬 등 당대 최고 가객들이 모였다. 함께 모인 이들은 거문고를 비롯한 악기를 연주하고 시조창을 하면서 실력을 뽐내고 지식을 교류했다.

밴드의 탄생

오늘날에는 경정산가단의 존재에 의문을 품는 학자들이 늘어나고 있다. 일단 경정산가단이라는 명칭이 당대에 붙여진 것이 아니라는 데서 시작한다. 이 명칭은《해동가요》에 나오는 한 구절을 가지고 학계에서 붙였다. 경정산가단의 뒤를 이어 김수장을 중심으로 형성된 가객들의 모임인 노가재가단老稼齋歌壇과 구분하려고 이런 이름을 붙인 것이다. 거기다 가단의 존재를 어떤 목적을 위해 결성된 집단이라기보다는 취미가 같은 사람들의 모임 정도로 해석하는 경향도 있다. 지금처럼 음악을 연주하고 돈을 벌거나 활동한다는 개념이 없던 시절이라 이들이 본격적으로 활동에 나섰다고 보기에는 무리가 있을 수 있다.

하지만 김성기의 경우 그가 없으면 제대로 된 잔치판이 아니라는 이야기가 나올 정도로 당대 최고 거문고 연주자였다. 김천택 역시 시조집을 엮을 정도로 시조창에 능했다. 김성기가 연주하는 거문고에 맞춰 김천택이 시조창을 했다면 엄청난 화제를 불러일으켰을 것이다.

오늘날처럼 앨범을 발표하거나 콘서트를 열지 못했다는 점을 제외하면 사람들의 귀를 즐겁게 해준 밴드와 다를 바 없었다. 김성기가 가담한 경정산가단은 또 다른 가단인 노가재가단과 더불어 조선 후기 시조창 발전에 결정적인 역할을 했다. 그 안에서도 거문고를 다루고 연주곡을 작곡할 줄 알았던 김성기의 존재는 더더욱 두드러졌다.

대쪽 같은 가객

그렇게 살아가던 김성기는 뜻밖의 일로 세상에 이름을 남기게 된다. 장희빈의 아들 경종이 즉위하자 숙빈최씨의 아들이자 왕세제였던 연잉군延礽君의 지위가 위태로워졌다. 경종을 따르던 소론은 강력한 경쟁자였던 연잉군을 제거할 기회를 호시탐탐 노렸다.

그런 와중에 지관 목호룡睦虎龍(1684~1724)이, 노론이 연잉군을 즉위시키기 위해 경종을 죽이려 음모를 꾸미고 있다고 고변했다. 물론 거짓이었지만 소론 세력은 이 기회를 노려서 연잉군과 노론을 탄압했다. 노론 4대신이라 일컬어진 이이명李頤命(1658~1722), 이건명李健命(1663~1722), 조태채趙泰采(1660~1722), 김창집金昌集(1648~1722)이 사사賜死되고 수십 명이 목숨을 잃었다. 고변자인 목호룡은 동성군에 봉해지는 것은 물론 막강한 권세를 누리게 되었다.

하루아침에 권력자가 된 그는 집안에서 잔치를 열면서 김성기를 불렀다. 그가 없는 잔치는 잔치가 아니라는 이야기가 나돌고 있었으니 당연한 일이었다. 하지만 비파를 연주하고 있던 김성기는 목호룡이 보낸 심부름꾼을 빈손으로 돌려보냈다. 그러자 화가 머리끝까지 난 목호룡은 다시 사람을 보내 협박했다. 천하에 무서울 것이 없는 목호룡이 분노했다는 얘기를 전해들은 김성기는 벼락같이 호통을 쳤다.

"가서 목호룡에게 전해라. 내 나이 이제 칠십인데 어찌 너를 두려워하겠느냐? 목호룡이 고변을 그렇게 잘한다 하니 나도 고변해서 죽여보아라."

뜻밖의 이야기를 전해듣고 깜짝 놀란 목호룡은 결국 김성기를 부르지 못했다. 아무 곳에나 가서 연주할 수 없다는 그의 기개는 목호룡의 권세에 숨죽이고 있던 사람들을 통쾌하게 해주었다. 한편, 세상일에 염증을 느낀 그는 한양 밖으로 나가서 작은 초가집을 짓고 낚시를 하면서 여생을 보냈다.

목호룡은 그를 하찮은 거문고 연주자로 보고 불렀을지 모르겠지만, 그는 자기 뜻에 맞지 않는 자리에 가기를 거부하는 단호함을 보였다. 천대와 멸시에 당당하게 맞선 그의 자부심과 실력이 오늘날까지 그를 기억하게 한 원동력일지 모르겠다.

외로운 솔리스트
해금 명인,
유우춘

조선시대에 음악은 생각보다 다양한 곳에서 연주되었다. 궁궐의 제
사나 연회는 물론 임금이 궁 밖으로 거둥하거나 중국 사신을 맞이할
때도 사용되었고, 군영에 속한 악대는 각종 군사훈련에도 참가했다.
조선시대 사용되었던 수많은 악기 중 하나인 해금奚琴은 두 줄로 된
현악기로 깡깡이라고도 불렸다.

　고려 때 중국에서 도입된 해금은 구슬픈 음색을 내는 악기로 잘
알려져 있다. 음색이 미약하고 생김새도 처량해 보여 종종 무시당하
지만 해금은 국악을 연주할 때 빠지지 않는 악기다. 삼현육각三絃六角
이라고 불리는 기본적인 악대 편성에서도 한자리를 차지했다. 향피리
두 개와 젓대라고 불리는 또 다른 피리 하나에 북과 장구, 해금이 모
인 삼현육각은 다양한 곳에서 모습을 드러냈는데, 탈춤이나 인형극

을 공연하는 곳은 물론 무당의 굿판에서도 흥을 돋웠다.

최고의 해금 연주자

조선 후기의 최고 해금 연주자로 손꼽히는 유우춘柳遇春은 노비 출신
이다. 아버지는 현감을 지낸 유운경이었지만 어머니가 종이었기 때문
이다. 모든 것이 남자 중심으로 돌아가던 조선시대에 드물게 여자에
게 우선권이 주어진 것이 바로 출신성분이었다. 조선시대에는 노비종
모법奴婢從母法이라고 해서 어머니 신분에 따라 자식 신분이 결정되었
다. 아버지가 아무리 지체 높은 양반이라 해도 어머니가 종이면 둘
사이에서 낳은 자식은 어머니 신분을 물려받게 되었다. 따라서 유우
춘 역시 노비 신분이 될 수밖에 없었다. 다행스럽게도 이복형이 그와
어머니를 노비 신분에서 해방해준 탓에 자유로워질 수 있었다. 아마
유운경이 유언했을지도 모르겠다.

노비 신분에서 벗어나 자유의 몸이 된 그는 조선 후기 임금이 머
무는 궁궐을 지키던 용호영龍虎營이라는 군영의 세악수細樂手, 즉 군악
병이 되었다. 어떤 과정을 거쳤는지는 알 수 없지만 노비 시절부터 해
금을 연주했던 실력을 인정받아 세악수가 된 것으로 추측한다. 아버
지가 양반이라 다른 노비들처럼 육체노동을 심하게 하지 않았기 때
문에 가능했던 일로 보인다.

해금을 연주하는 세악수가 된 그는 최고가 되기로 결심하고 밤낮
을 가리지 않고 연습에 몰두했다. 3년 내내 연습을 거듭한 끝에 다섯
손가락에 전부 굳은살이 박였다고 하니 얼마나 많은 시간 노력했는

〈무동〉, 김홍도, 《단원 풍속도첩》, 국립중앙박물관 소장. 그림 오른쪽 끝이 해금 연주자이다. 그림 속 연주자가 등을 돌리고 있듯이 유우춘 또한 자신의 재능을 알아주지 않는 세상에 등을 돌렸다.

지 짐작이 간다. 그러한 노력의 대가로 그는 한양 최고 해금 연주자라는 명성을 누렸다.

갈수록 명성을 떨친 그는 한양에서 열리는 크고 작은 잔치는 물론이고 궁궐 연회에도 불려갔다. 그가 속한 삼현육각 악대가 연주하는 오묘한 음악은 임금부터 평민들까지 빠져들지 않는 이가 없었다. 깊은 감명을 받은 유득공柳得恭(1748~1807)이 그의 전기까지 남겼으니 어떤 평가를 받았는지 미루어 짐작할 수 있다. 하지만 인기와 명성이 올라갈수록 그는 깊은 고뇌와 자괴감에 빠졌다.

소설의 주인공이 되다

최고를 향한 그의 끊임없는 노력과 연습은 여러 사람에게 깊은 인상을 남겼다. 그중 한 명이 바로 조선 후기의 대표 실학자이자 《발해고渤海考》를 쓴 유득공이다. 그는 자신의 문집인 《영재집泠齋集》에 〈유우춘전柳遇春傳〉이라는 한문 단편소설을 실었다. 물론 창작물이긴 하지만 유우춘을 주인공으로 했다는 것은 두말할 나위가 없다. 아울러 그가 실제로 겪고 있던 심각한 내면적 고뇌를 담고 있다는 점도 눈길을 끈다.

소설은 주인공이 절친한 친구인 서기공을 찾아가면서 시작된다. 그리고 음악을 좋아하던 서기공 앞에서 해금을 연주한다. 주인공의 연주를 듣던 서기공은 얼굴을 찡그리면서 형편없는 솜씨라고 말한다. 그리고 해금 명인인 유우춘의 이름을 알려주면서 그에게 가서 배워오라고 이야기한다. 주인공은 금대거사의 안내를 받아 십자교 밑에 있는 초가집으로 유우춘을 찾아간다. 그리고 그곳에 있던 유우춘을 만나 해금 연주법을 묻는다.

이런저런 이야기를 하던 중 유우춘은 절친한 친구 호궁기扈宮其만이 자기 해금을 진정으로 들을 줄 안다고 한탄했다. 그리고 어머니가 세상을 떠나자 세상과 인연을 끊고 사라져버린다.

세상이 몰라준 그의 음악

유우춘이 최고 해금 연주자라는 명성 속에서 고뇌에 빠진 이유는 사람들이 해금이 내는 신기한 소리에만 귀를 기울였기 때문이다. 이를테면 벌레가 우는 소리나 모기가 앵앵거리는 소리를 듣고 신기해하지만 정작 연주를 하면, 그 안에 담긴 깊은 음색이나 소리는 모르거나 흘려들었다. 그가 아무리 명성을 누렸다고 해도 해금을 잘 연주하는 세악수 이상은 아니었던 것이다. 그의 심경은 〈유우춘전〉에 고스란히 드러나 있다.

내가 연주하는 해금이나 거지가 연주하는 해금이나 똑같이 말총으로 활을 매고 송진을 칠한 겁니다. 내가 해금을 3년 동안 다섯 손가락에 굳은살이 박일 정도로 연습해서 지금의 경지에 도달했습니다. 다섯 손가락에 온통 못이 박였답니다. 하지만 실력이 좋아질수록 오히려 사람들이 외면하고 돈벌이는 더욱 어려워졌습니다.

반대로 사람들은 몇 달 연습한 거지가 내는 기묘한 소리에 열광하고 환호하지요. 지금 내 명성이 온 나라에 퍼져 있지만, 그것은 단지 헛된 명성일 뿐입니다. 그중 진정으로 해금 연주를 아는 이가 얼마나 되겠습니까? 높은 사람들 역시 마찬가지입니다. 처음에만 잠깐 듣다가 졸아버리니 나 혼자 연주하고 듣는 꼴이 아니고 무엇이겠습니까?

손가락마다 굳은살이 박일 정도로 연습에 몰두해 최고 경지에 오른 유우춘이 자기 음악을 몰라주는 사람들을 볼 때마다 느끼는 허탈감은 말도 못했을 것이다. 조수삼이 쓴 《추재기이》에는 해금을 연주하며 구걸하는 노인이 나온다. 조수삼은 그 노인을 이름 대신 해금이라고 부르면서 연주시킨다. 물론 노인은 해금을 연주해주고 대가를 받는 것이니 무작정 구걸하는 거지는 아니었다. 하지만 조수삼을 비롯한 사람들의 눈에 그는 연주자가 아니라 거지였다. 유독 해금 연주자에게 그런 시선이 주어진 것은 현이 두 개밖에 없고 작은 악기인 해금을 다루는데다가 음색이 구슬픈 것도 한몫했다.

조선 후기로 접어들면서 악기를 연주해 생계를 유지하는 이들이 늘어난 것도 천대받는 원인이 되었다. 물론 그런 세상을 외면하고 돈벌이에만 열중할 수도 있었을 것이다. 하지만 그런 마음가짐으로는 최고 해금 연주자가 될 수 없었을 테니 그의 재능과 열정이 오히려 불행을 불러온 셈이다.

차가운 현실 앞에서 냉소적이 된 그는 늙은 어머니를 봉양하기 위해서만 해금을 연주했다. 하지만 단 한 사람, 호궁기라는 친구만이 그의 진가를 알아줬다. 그래서 유우춘은 늘 호궁기 앞에서 해금을 연주하며 쓸쓸함을 달랬다. 호궁기 앞에서 연주하는 것은 아마 수많은 관객, 심지어 임금 앞에서 연주하는 것보다 더 설레는 일이었을 것이다. 그러다 어머니가 세상을 떠나자 유우춘은 다시는 해금을 연주하지 않고 자취를 감춰버렸다. 음악적 가치와 재능을 몰라주고 단지 해금을 잘 다루는 연주자로만 그를 대했던 세상을 향한 나름의 복수였던 것이다.

나이 일흔의
가객,
김수장

평균수명이 예전보다 훨씬 늘어난 요즘도 60세가 넘어서 뭔가 새로 시작한다는 건 쉽지 않은 일이다. 하지만 김수장金壽長(1690~?)이 한양의 화개동에 자그마한 초가집을 짓고 동료와 제자들을 불러 모아서 노가재가단을 만든 것은 영조 36년(1760), 그의 나이 무려 일흔한 살 때의 일이다. 노가재는 김수장의 호이자 김성기의 경정산가단과 쌍벽을 이루는 조선 후기 가단의 이름이다.

김우규金友奎와 박문욱朴文郁 같은 당대 최고의 가객이 모였다. 노가재에 모인 가객들은 시인이 지은 시에 운율을 맞춰 노래를 부르고 연주자들이 악기로 받쳐주었다. 점잖은 양반이라면 감히 상상하지도 못했을 방식이었지만 여항의 예술인은 관습과 규정에서 벗어나 자유롭게 노래하고 연주했다.

경정산가단이 엄격하고 격식을 중시했다면 노가재가단은 자유로운 분위기였던 것으로 보인다. 젊은 가객들이 선배들에게서 꾸준히 교육받음으로써 실력이 늘어났고, 또래와 교류하면서 풍성한 가곡을 만들어냈다. 왕성한 교류와 전수를 바탕으로 발전을 거듭한 것이다.

최고의 시조창 명인

그가 살아가던 18세기는 여항문화가 꽃피운 시기다. 그들이 동경하던 양반들의 문화뿐만 아니라 백성이 즐기던 문화가 서로 섞이면서 독특한 그들만의 문화가 탄생한 것이 여항문화다. 김수장 역시 병조에서 서리書吏로 일했다는 기록이 있으니 중인 신분이었던 것으로 보인다. 그는 젊은 시절, 꽃을 비롯한 자연을 노래하고 남녀의 사랑을 주제로 하는 노래를 지었다.

> 한식날 비가 멈춘 뒤 국화가 피어나니 반갑기 그지없다.
> 꽃도 아름답지만 날마다 새롭게 피는 광경이 더없이 아름답다.
> 바람과 서리가 함께 뒤섞여 요동 칠 때 군자의 절개가 꽃을 피운다.

그가 지은 〈군자의 절개〉라는 이 노래는 올곧은 선비를 은유하는 대나무, 국화, 매화, 난초의 사군자四君子 중 국화의 모습에서 선비의 길을 노래했다. 여기에서 알 수 있듯이 시조창은 양반들의 시에서 비롯했기에 필연적으로 그들을 답습할 수밖에 없었다. 하지만 그는 비슷하면서도 다른 것들을 창작해냈다. 의도했든, 의도하지 않았든 양

〈가객창장〉, 김준근, 서울역사박물관 소장. 김수장과 같은 가객들은 고수의 장단에 맞춰 시조에 음률을 붙여 노래처럼 불렀다.

반들과는 다른 그들만의 여항문화가 발전할 수 있는 기초를 만든 것이다. 아울러 그는 많은 가객과 활발히 교류하면서 명성을 떨쳤다. 시조에 음률을 붙여 노래처럼 부르는 시조창時調唱은 조선 후기에 큰 인기를 끌었다. 시를 즐긴 양반들이 뜻에 의미를 부여했다면 중인과 평민은 가사에 귀를 기울였다.

처음에는 양반들의 전유물인 시를 중인과 백성이 호기심에서 들여다봤을 것이다. 하층 계급이 상층 계급의 문화를 동경하는 것은 흔한 일이었기 때문이다. 하지만 시조창은 양반들의 전유물인 시를 자신들만의 것으로 소화해낸 결과물이다. 시조창이 없었다면 우리가 아는 여항문학은 훨씬 더 빈약했을 것이다. 평범한 중인 하급관료였던 그가 어떤 계기로 시조창에 빠져들어 가객이 되었는지는 알 수 없다. 분명한 것은 그의 삶이 온전히 거기에 바쳐졌다는 것이다.

미치고 빠져들다

김수장을 비롯해 뭔가에 매혹당해서 일생을 바친 사람들이 있기에 당대 사람들은 양반들만 누릴 수 있는 문화를 맛볼 수 있었다. 아울러 그들의 흔적 덕분에 우리 역시 그 시대 사람들이 무엇을 보고 즐겼는지, 어떤 것에서 기쁨을 맛보았는지 엿볼 수 있다. 그것은 오로지 평범하게 살 수 있었던 기회를 걷어차고 자신이 매혹당한 것에 빠져든 몇몇 사람 덕분이다.

김수장도 마찬가지였다. 노가재가단을 만들고 몇 년 후인 1763년, 김수장은 《해동가요》라는 가곡집을 펴냈다. 1746년에 처음 쓰기 시작한 이 책은 10여 년 뒤 완성되었다. 그리고 몇 년 동안 끊임없이 고쳐 쓰면서 부족한 부분을 채웠고, 거의 30여 년 만에 완성했다. 그러고도 모자랐다고 판단했는지 죽을 때까지 계속 고쳐 썼다. 그야말로 예술혼을 불태웠다고 할 수 있다.

책을 쓰고 계속 고친 것은 더 많은 사람이 노래 부르기를 꿈꿨기 때문으로 보인다. 그는 무엇 때문에 뭔가를 새로 시작하기에 한참 늦은 나이에 노가재가단을 만들고 30년에 걸쳐 꾸준히 책을 쓰고 고쳤을까? 그것은 절박함 때문이었다. 그는 《해동가요》 서문에 다음과 같이 썼다.

대개 문장과 시는 책으로 만들어져 천 년이 넘도록 사라지지 않는다. 하지만 가요는 불리는 순간에는 찬사를 받지만, 그때가 지나면 사람들 사이에서 잊히고 사라져버린다. 참으로 안타깝고 아까운 일이 아닐 수 없다. 고려 말부터 지금까지 여러 임금님과 관리, 선비와 가객, 백성과 어부, 기생은 물론 이름이 알려지지 않은 이가 지은 노래들을 수집해서 책을 펴내면서 《해동가요》라고 이름 지었다. 부디 여기 적혀 있는 노래들이 오랫동안 전해지기를 바란다.

그는 노래가 지닌 풍부한 감성을 사랑하는 동시에 그것이 쉽게 사라진다는 점을 매우 안타까워했다. 그래서 많은 나이에 손수 붓을 든 것이다. 노가재가단이 자유로운 분위기 속에서 후학을 양성하는 데 힘을 기울인 것도 아마 이런 뜻이 들어 있었기 때문이리라. 예절이 지금보다 더 엄격했던 조선시대에 환갑이 넘은 노인이 이끄는 집단이 이런 개방성과 자유로움을 지닐 수 있었던 것은 명백한 목적의식 덕분이었다. 이것은 그가 칠십이 넘는 나이에도 왕성하게 활동하게 된 이유이기도 하다. 좋은 노래를 후대에 남겨놓겠다는 집념이 나이를 뛰어넘은 것이다.

배고픈 예술

우리는 삶이 풍요롭고 행복하기를 바란다. 예술은 돈이나 물질로 채울 수 없는 부분을 채워준다. 크리스천 베일이 주연한 영화 〈이퀼리브리엄Equilibrium〉의 세상은 매우 삭막하다. 문화와 예술이 탄압받아 모두 종적을 감췄기 때문이다. 조선이라는 나라 역시 문화와 예술이 뿌리내리기 어려웠다. 지배층이 예술가들을 천한 자라고 인식했기 때문이다. 그래서 그림을 그리는 화가나 악기를 연주하는 악공은 실력이 뛰어났는데도 천대와 손가락질을 받아야만 했다. 전기수와 재담꾼 그리고 광대 역시 불온한 자들이며, 정상이 아닌 인간이라는 시선을 받았다.

김수장을 비롯한 가객들 역시 온전한 시선을 받지 못했다. 평생 노래를 해서 많은 사람을 행복하게 해준 김수장조차 늘그막에 작은 초가집에서 살아야 했고, 가족은 굶기를 밥 먹듯이 했다. 배고픔에서 예술이 나온다고는 하지만 정당한 대가를 주지 않는 상황은 당사자를 힘들게 하기 마련이다.

조선의 예술가들을 보면서 가장 안타까운 점은 아무리 실력이 뛰어나도 본인과 가족 모두 굶주림과 가난에 시달려야 했다는 것이다. 물론 그런 것들이 불타는 예술혼을 꺾지는 못했겠지만 말이다. 김수장 역시 평생을 가난과 배고픔에 시달리다가 세상을 떠났다. 다행히도 그가 지은 《해동가요》는 몇 가지 판본으로 만들어져 오늘날까지 전해온다.

여성 명창을
길러내다,
신재효

임권택 감독이 만든 영화 〈서편제〉는 한국 영화 최초로 백만 관객을 기록했다. 화려한 액션이나 뛰어난 특수효과 하나 없는 판소리 영화가 이례적인 흥행을 한 것이다. 특히 세 주인공이 〈진도아리랑〉을 부르면서 길을 걸어가는 모습은 인상 깊은 영화 속 장면으로 꼽는다.

판소리는 창을 하는 소리꾼이 북을 치며 장단을 맞춰주는 고수의 도움을 받아 긴 레퍼토리를 풀어내는 방식으로 진행된다. 판소리는 동편제와 서편제로 나뉘는데 전라도 동쪽 지방에서 흥한 동편제는 남성적이고, 서쪽 해안 지방의 서편제는 여성적이라는 평을 듣는다.

대다수 관객이 들어보지도 못한 판소리에 감정이입을 한 것은 우리 전통문화라는 사실과 한恨의 정서와 맞닿아 있기 때문이다. 판소리가 언제 시작되었는지는 정확하게 알 수 없지만 대략 조선 중기에 시작되었다고 본다. 엄청나게 오래되었으리라는 우리 예상을 가볍게 뛰어넘는다. 동시에 짧은 기간에 전통으로 자리 잡게 된 이유는 우리 정서를 잘 대변했기 때문이다. 그 밑바탕에는 19세기 전북 고창에서 살았던 한 남자의 집념과 노력이 깔려 있다.

한양에서 온 남자

동리桐里 신재효申在孝(1812~1884)는 부유한 집안에서 태어난 덕분에 별 어려움 없이 자랐났다. 한양에서 하급관리 생활을 하던 아버지가 고창현감이 된 친척을 따라 내려와서 약방을 차려 큰돈을 번 것이다. 신재효는 젊은 시절 고창 관아의 아전 노릇을 했다. 사극에 나오는 아전은 백성을 수탈하는 나쁜 존재로 비춰진다. 그렇게 될 수밖에 없었던 이유는 아전에게 급여가 지급되지 않았기 때문이다. 그러니 아전은 먹고살기 위해 각종 불법을 저지를 수밖에 없었다.

하지만 집안이 부유했던 신재효는 그럴 필요가 없었다. 오히려 자기 돈을 써서 가난한 사람들을 도와주었다. 곳간에서 인심이 난다는 속담을 몸소 보여준 것이다. 먹고살 걱정이 없던 그는 자연스럽게 취미에 눈을 돌릴 여유가 있었다. 그가 관심을 기울인 것은 전라도에서 한참 인기를 끌던 판소리였다. 당시 판소리는 인기가 있었지만 속을 들여다보면 위태로웠다.

지금과 달리 즉흥극에 가까웠던 판소리는 스승과 제자를 통해 전수되는 방식이었다. 따라서 스승이 제자를 찾지 못하거나 제자의 역량이 부족하면 맥이 끊길 위험이 컸다. 그런 상황을 지켜보던 신재효가 마침내 팔을 걷어붙이고 나섰다. 보통 돈이 많은 중인이나 평민은 양반처럼 시를 짓거나 문인화가를 후원하는 방식을 택했다. 하지만 그는 아무도 거들떠보지 않던 판소리를 후원함으로써 판소리가 전통으로 자리 잡는 데 큰 영향을 주었다.

그는 먼저 자기 집에 소리꾼과 고수를 위한 숙소와 연습실을 마련했다. 재능 있는 사람들을 모아 먹고사는 걱정 없이 판소리를 할 수 있는 바탕을 깔아준 것이다. 예술이 제대로 대접받지 못하던 시대였기 때문에 소리꾼 역시 잔치판에 불려오는 광대 같은 존재에 불과했다. 따라서 이 정도만 해도 큰 은혜를 베푼 것이다. 하지만 그는 여기서 한 발 더 나아갔다. 판소리 체계를 정립한 것이다.

앞서 이야기한 대로 최초 판소리는 즉흥극에 가까웠다. 레퍼토리가 있다 해도 스승이 제자에게 전수하는 방식이었기 때문에 단절될 확률이 매우 높았다. 그는 일단 수십 개 레퍼토리로 나뉘어 있던 판소리를 여섯 마당으로 통일했다. 우리가 잘 알고 있는 〈심청가〉, 〈춘향가〉, 〈흥부가〉, 〈수궁가〉, 〈적벽가〉, 〈가루지기타령〉으로 정리한 것이다.

이와 아울러 너름새라고 불리는 소리꾼 몸짓의 중요성에 대해서도 인식했다. 그 덕분에 판소리는 귀로도 듣지만 눈으로도 볼 수 있다는 장점을 가지게 되었고, 이는 근대에 접어들어서도 판소리가 무대에서 살아남게 되는 중요한 역할을 했다.

물론 그가 정리해낸 판소리 역시 시대가 흐르면서 계속 변화해갔지만 기준을 마련했다는 점은 대단히 중요하다. 그러면서 양반들에게 거부감이 들지 않도록 판소리를 가다듬는 노력도 게을리하지 않았다. 그 덕분에 무당의 굿판에서 시작되었다는 이야기가 나올 정도로 대중적이었던 판소리는 체통에 목숨을 건 양반들도 들을 수 있게 되었다. 문화예술이 대부분 상류층에서 시작해 하류층으로 퍼져간다는 점을 감안하면 무척 이례적인 일이었다.

물론 신재효의 이런 움직임이 판소리의 독자성과 즉흥성을 훼손했다는 비판도 있지만 이론을 정립했다는 부분은 크게 찬사를 받아 마땅하다. 판소리가 체계화되면서 재능 있는 사람들이 모여들었고, 그들 중에서 후대에까지 이름을 남긴 명창이 나왔다.

명창의 탄생

신재효가 했던 여러 후원사업 중에서 가장 빛을 발한 것은 판소리 명창을 길러낸 것이다. 결국 무대를 빛낼 엔터테이너들이 있어야만 모든 것이 성립되기 때문이다. 신재효는 이미 유명한 명창 외에도 젊고 재능 있는 젊은이들을 뽑아 자신이 후원하는 명창에게서 전수받도록 했다. 거기에 자신이 체계화한 판소리를 주입함으로써 신세대 명창들을 탄생시켰다.

그가 길러낸 정춘풍鄭春風, 김세종金世宗 같은 명창은 한말과 일제 강점기에도 판소리가 꿋꿋하게 자리를 잡아가는 데 큰 역할을 했다. 다른 전통문화예술이 근대화의 격변기 속에서 쇠락하거나 사라진 반면, 판소리는 근대문물인 레코드와 라디오를 타고 전국 방방곡곡으로 퍼져나갔다. 신재효가 기울인 이런 노력은 판소리에서 그의 위상과 명성을 불멸의 존재로 만들어주었다.

당시 명창으로 이름을 날리려면 해마다 전라감영의 통인청通人廳에서 주관하는 대사습大私習에 나가서 관객들의 인정을 받아야만 했다. 대사습은 본래 활쏘기 경연대회였다가 판소리 경연대회로 바뀌었는데, 재능 있는 판소리꾼들을 불러 모아서 공연을 펼치는 것이다. 여기서 인정을 받아야만 진정한 명창이 될 수 있었다. 이후 전라와 경상감영에서 주관하는 연회에 나가 기량을 선보인 다음 고창에 있는 신재효를 찾아갔다. 그리고 신재효의 인정을 받아야만 비로소 명창으로 이름을 떨칠 수 있었다.

수많은 관객 앞에서 공연하는 대사습 무대는 물론 지체 높은 양반들의 귀를 만족시킨 다음 마지막으로 신재효에게 검증을 받아야 했다는 점은 판소리에서 그의 위상을 입증하는 것이다. 하지만 그가 판소리를 위해 했던 많은 일 중에서 파급력이 가장 큰 것은 따로 있었다. 바로 여성 명창을 길러낸 것이다.

여성 명창을 길러내다

오늘날에는 한복을 곱게 차려입고 무대에 오르는 여성 소리꾼을 심심찮게 볼 수 있다. 하지만 19세기 중후반 조선에서는 상상도 할 수 없는 일이었다. 판소리는 남성의 전유물이었으며 관객들 역시 대부분 남성이었다. 물론 연회에서 남성을 즐겁게 해주는 역할을 맡은 기생도 판소리를 할 줄 알았다. 하지만 대중적인 무대에 오를 수 없었기 때문에 관객들에게 여자 소리꾼은 낯선 존재였다.

歌先申生

〈가곡선생〉, 김준근, 서울역사박물관 소장. 머리를 올리지 않은 어린 기생 둘이 선생에게서 노래를 배우고 있다. 신재효는 판소리가 남성의 전유물이라고 여기던 사회 통념을 깨고 여성 명창을 길러내는 데 힘을 쏟았다.

이런 사회 통념 속에서 신재효는 여성 명창을 길러내는 데 주력했다. 그의 명성과 영향력을 생각하면 불필요한 모험이었다. 하지만 신재효는 김세종 같은 당대 최고 명창들을 초빙해서 여성들을 가르치도록 했다. 신재효는 이론교육에도 힘을 썼다. 그가 길러낸 대표적여성 명창으로는 진채선陳彩仙과 허금파許錦波 등을 들 수 있다. 그중진채선은 신재효와 애틋한 사연을 남겼다.

판소리의 고장인 고창에서 태어난 진채선은 무당의 딸이라는 기구한 운명의 주인공이었다. 정상적인 삶을 살아갈 수 없었던 그녀에게판소리는 어쩌면 운명이었을지도 모른다.

무당인 어머니를 통해 자연스럽게 소리를 접한 그녀는 부자이긴했지만 여전히 관아의 아전 노릇을 하던 신재효와 운명적으로 만나게 된다. 그녀의 재능을 한눈에 알아본 신재효는 주변의 반대를 무릅쓰고 그녀를 자기 집으로 데려온다. 그리고 남성 명창들을 초빙해소리를 익히도록 한다.

진채선은 〈춘향가〉와 〈심청가〉를 잘 불렀다고 전해지는데 그중 〈춘향가〉에서 기생을 점고하는 부분을 잘 불렀다고 한다. 스승 밑에서기량을 갈고닦던 진채선은 마침내 경회루 낙성연에서 사람들 앞에모습을 드러낸다. 그녀는 스승 신재효가 특별히 작곡한 〈청조가〉와〈방아타령〉을 불러서 좌중을 압도했다.

그 자리에 있던 수많은 남자 중에서도 한 사람이 그녀에게 마음을 빼앗겼다. 바로 경복궁 중건 작업을 주도했던 흥선대원군興宣大院君(1820~1898, 이하응李昰應)이었다. 그는 진채선을 자기 거처인 운현궁으로 불러들였다. 일종의 소실로 들인 것이다. 그 소식을 들은 신재효는 크게 낙담하고 말았다.

두 사람 관계에 대해서는 여러 추측이 오고 가지만 스승과 제자 관계를 넘어 연인이었을 개연성에 무게감이 실린다. 사랑하는 연인이자 수제자와 갑작스럽게 헤어지게 된 신재효는 〈도리화가〉라는 노래를 지어 이별의 아픔을 토로했다.

스승의 소식을 접한 진채선은 위험을 무릅쓰고 운현궁에서 빠져나와 고향으로 내려왔다. 연인이자 제자인 진채선과 만난 신재효는 이제 더는 아쉬움이 없었는지 얼마 후 세상을 떠났다. 그 후 진채선 역시 종적을 감췄다. 신재효가 죽은 뒤 조선은 대한제국이 되었고, 일본의 식민 지배가 시작되었다.

사회가 급격히 변화하면서 무수히 많은 전통문화가 사라졌지만 판소리는 끝까지 살아남았다. 물론 신재효가 없었다고 해도 판소리 명맥이 완전히 끊어지지는 않았을 것이다. 하지만 그가 아니었다면 우리는 지금보다 판소리를 듣기 어려웠을 것이다. 그리고 다른 장르에 비해 늦게 시작된 판소리가 우리 전통음악으로 자리 잡지는 못했을 것이다.

물론 좋은 명창과 소리를 마음으로 즐긴 사람들이 있었기에 오늘날까지 판소리가 이어졌겠지만 자기 재물을 기꺼이 베풀어 그 토대를 다지고 이론을 정립한 신재효가 해낸 업적 또한 무시할 수 없다. 그리고 무엇보다도 판소리에 여성 명창이 등장할 수 있었던 데에는 신재효의 역할이 결정적이었다. 오늘날 뛰어난 여성 명창들이 꾸준히 등장해 대중들에게 사랑받고, 조선의 여성 명창들을 소재로 영화, 드라마 등이 기획된다고 하니 반가울 따름이다.

4장
시객, 천대와 멸시를 조롱하다

천재여서
슬프다,
이언진

영조 16년(1740) 한양에서 태어난 이언진李彦璡(1740~1766)은 원래 역관 출신이다. 조선시대 역관은 대부분 중인 집안의 가업으로 이어졌는데 이언진의 집안 역시 대대로 역관 노릇을 했다. 그도 집안의 가업을 이어받기 위해 사역원司譯院에서 주관하는 역과에 합격해서 자연스럽게 역관이 되었다. 사역원은 조선시대에 외국어 통역관의 양성과 교육을 책임지던 관청이다.

당시 조선에서는 중국어와 일본어, 여진어 통역관을 양성했다. 그는 한어漢語 통역사, 즉 중국어 통역사로 일했다. 남달리 총명했던 이언진은 기억력이 뛰어나 한 번 본 것은 잊어버리지 않았고, 손에서 책을 놓지 않았다. 격발擊鉢, 즉 밥그릇을 한 번 때리는 동안 시를 완성할 정도로 순발력이 뛰어났다. 글씨도 매우 단정해서 마치 활자로 인쇄한 것 같았는데 틀린 곳을 찾기 어려웠다. 그는 한마디로 천재였다.

그의 천재성은 이용휴李用休(1708~1782)라는 스승을 만나면서 더욱 빛을 발했다. 조선 후기 대표적 문인인 이용휴는 이익李瀷(1681~1763)의 조카로, 정조의 총애를 받다가 나중에 천주교를 믿는다는 이유로 처형당한 실학자 이가환李家煥(1742~1801)의 아버지이기도 하다. 《이향견문록》에는 천문역법을 배웠다고 나와 있지만 훗날 이용휴가 이언진의 문집에 서문을 써준 것을 보면 문학도 배웠다고 봐야 할 것 같다.

사실 여주이씨 집안의 내로라하는 양반인 이용휴가 중인 출신 역관을 제자로 거둔다는 것은 당시 신분제도를 생각하면 엄청난 일이었다. 장지연張志淵(1864~1921)이 엮은 《대동시선大東詩選》에 수록되어 있는 〈전원의 사계절田家四時〉이라는 시를 보면 이언진이 얼마나 서정적이면서 낭만적인지 알 수 있다.

溪入稻田春鴨鬧　골짜기 안의 논에는 오리가 시끄럽게 울고
雨侵茅屋老牛寒　비 들이치는 초가에 머무는 늙은 소가 추워하네.
花朝節後人中酒　꽃피는 시절 뒤에 사람들은 술에 취해 있고
尚擁綿裘不戴冠　솜을 넣은 갖옷을 부둥켜안고 갓을 벗었네.

陂裡草深牛沒春　비탈 속에 풀이 깊어 소의 등이 보이지 않고
籬邊霜重黍垂頭　울가에 서리 맞은 기장이 고개를 숙였네.
酒濃鷄軟魚如土　술이 익어가는데 닭과 물고기가 지천이라

近局今年大饗年 금년에는 이웃 사람들과 큰 잔치를 열 수 있겠네.

일본을 뒤흔들다

영조 28년(1763) 조선통신사가 일본으로 향한다. 당시 통신사를 이끈 정사正使는 고구마를 들여온 것으로 알려진 조엄趙曮(1719~1777)이었다. 임진왜란 이후 양쪽은 상처를 잊고 다시 국교를 맺었다. 일본에서는 최고지도자인 쇼군將軍이 새로 즉위할 때마다 통신사를 보내달라고 요청했다. 통신사 접대를 핑계로 지방 영주들이 재력을 소모하게 만들고 쇼군 즉위를 축하하는 사절을 받아들임으로써 권위를 높이려고 한 것이다. 조선에도 통신사의 일본행은 언제 쳐들어올지 모르는 일본 사정을 엿볼 수 있는 기회였다. 전쟁의 상처는 사라지고 있었지만 양쪽의 기 싸움은 다른 형태로 벌어졌다. 일본인은 시도 때도 없이 통신사 일행에게 시를 요구하거나 이들의 재주를 시험하려고 들었다.

조선에서도 이런 사정을 잘 알았으므로 통신사를 따라가는 사절단을 모두 최고 문장가들로 뽑았다. 천재 시인으로 이름을 날리던 스물네 살의 이언진 역시 일본으로 가는 통신사의 뒤를 따랐다. 중국어 통역관이라 통신사를 따라갈 일이 없었지만 재능을 인정받은 것이다. 그리고 일본 땅에서 천재적 재능을 유감없이 발휘했다. 박지원이 쓴 그의 전기에는 일본에서 활약한 모습이 상세히 나와 있다. 아울러 이언진이 일본에서 쓴 시와 편지도 담겨 있다.

押物判事前
漢學主簿從
六品李彦瑱
字虞裳號雲
或又號松穆
或又雲我或
誕聲子雜林
人庚申生二
十五

〈이언진 초상〉, 도쿄대학교 도서관 소장. 일
본 학자 미야세 류몬의 《동사여담》에 실려
있다. 미야세는 통신사 일행으로 온 젊은
이언진의 재능에 놀랐는지 《동사여담》에
그의 초상과 함께 첫인상을 기록해두기까
지 했다.

 일본인들은 통신사 일행이 오면 온갖 명목으로 글씨와 시를 받아
갔다. 자신들과는 차원이 다른 고급문학이 욕심났을 뿐 아니라 이를
엮어 책으로 펴내기 위해서였다. 그래서 통신사가 에도江戶로 가는
길에 써준 시들은 이들이 에도에서 쇼군을 만나고 돌아올 즈음에는
이미 책으로 출간될 정도로 인기를 누렸다. 이언진은 구름처럼 몰려
드는 일본인을 일일이 응대하면서 시를 써줬다. 그가 빠르고 정확한
손놀림으로 시를 써주자 일본인들은 입을 다물지 못했다. 그런 상황
이 계속되자 한 일본인이 찾아왔다.

 "공이 시를 잘 쓰신다고 하니 특별히 부탁을 드리고자 찾아왔습니
다. 저에게 부채가 오백 개 있는데 시를 써주실 수 있겠습니까?"

명백한 도전이었지만 이언진은 웃으며 승낙했다. 그는 직접 먹을 갈며 시를 읊었다. 그리고 붓을 들어 부채에 시를 써주었다. 부채 오백 개에 각기 다른 시가 적혔는데 틀린 글자가 하나도 없었다. 설마 하며 구경하던 일본인들은 아무 말도 하지 못했다. 그에게 부채 오백 개에 시를 써달라고 부탁했던 일본인이 다시 말했다.

"공의 재능에 감탄했습니다. 원컨대 기억력을 시험해보고 싶습니다. 제가 부채 오백 개를 다시 가져올 테니 거기에 아까 써준 시를 다시 써주셨으면 합니다."

이언진은 일본인의 두 번째 도전을 받아들였다. 그리고 아까처럼 먹을 갈고 붓을 들어 부채에 시를 다시 써줬는데 아까 써준 시와 한 글자도 다른 것이 없었다. 그의 솜씨를 본 일본인들은 신필神筆이라며 혀를 내둘렀다.

일본 학자와 만나다

에도에 도착한 그는 미야세 류몬宮瀨龍門이라는 일본인 학자와 만났다. 그는 일본의 대표적 시인이자 학자인 핫토리 난카쿠服部南郭의 제자로서 유학자였다. 미야세는 통신사로 온 조선인 문인과 차례로 대화를 나눴는데 그중 한 명이 바로 이언진이었다. 미야세는 이언진보다 스무 살이나 많은 노회한 학자였지만 이언진은 지지 않고 당당하게 학문에 대한 의견을 나누고 토론을 벌였다. 미야세는 젊은 조선 시인에게 깊은 인상을 받았는지 자기가 쓴 《동사여담東笑餘談》 서문에 그의 첫인상을 다음과 같이 남겨놓았다.

용모가 준수하고 수염이 없었는데 말씨와 웃음소리가 부드러웠다. 영특함이 얼굴에 드러났는데 그가 한 말들은 다른 이들과 나눈 자질구레한 것과는 많이 달랐다.

미야세는 며칠간 이언진과 대화하면서 그의 학문적 지식이 깊음에 크게 감탄했다. 미야세의 칭찬에 이언진은 스승 이용휴의 가르침을 잘 받은 덕분이라며 겸손해했다.

재능이 삶을 갉아먹다

이언진은 천재적인 재능을 발휘해 일본인들의 코를 납작하게 만들었지만 정작 조국에서는 높이 쓰이지 못했다. 중인이라는 신분이 발목을 잡은 것이다. 그가 아무리 시를 잘 짓고 글씨를 잘 쓴다고 해도 역관 신분에서 벗어날 수 없었다.

날개를 펼치지 못한 재능은 병마로 변했다. 병이 아니라고 해도 누구도 거들떠보지 않는다는 참담함이 그의 의지를 꺾었을 것이다. 마음의 병으로 시름시름 앓던 어느 날 이언진은 자신이 쓴 시를 모은 책을 모두 모아놓고 불을 질렀다. 그러면서 이렇게 말했다.

"이런 것들은 남겨두어도 아무 쓸모가 없을 것이다. 이 세상 누가 나 이언진을 기억하겠는가?"

이 모습을 지켜보던 그의 아내가 급히 불을 껐지만, 그가 쓴 시는 대부분 재로 변한 뒤였다. 아내가 불을 끄고 책들을 꺼내는 모습을 지켜본 이언진은 스물일곱이라는 젊은 나이에 세상을 떠났다.

통신사를 따라 일본에 건너가 붓 한 자루로 일본인들의 코를 납작하게 했던 천재 시인 이언진은 신분의 한계를 극복하지 못하고 이렇게 젊은 나이에 세상을 떠난 것이다. 그의 아내가 간직한 시 몇 편이 세상에 알려지면서 비로소 세상이 그 재능에 관심을 기울였다.

자기 시가 적힌 책을 불길에 던지면서 그는 무슨 생각을 했을까? 하늘을 꿰뚫는 비범한 재능조차 넘지 못한 신분의 굴레를 원망하지 않았을까? 조선이 그에게 마음껏 시를 쓸 수 있게 해주었다면 우리는 이언진이라는 위대한 시인을 좀 더 일찍 그리고 명확하게 기억했을 것이다.

다행스럽게도 2008년 이언진의 친필 서첩인 《우상잉복虞裳剩馥》이 발견되었다. 이 서첩에는 그가 죽기 직전 불에 태우다가 남긴 시와 편지, 일기가 적혀 있다. 그리고 뒤늦게 그에 관한 연구가 활발하게 진행되고 있다. 불행하고 짧았던 그의 삶에 대한 자그마한 보상일지도 모르겠다.

배를 만들고
시를 짓고,
백대붕

조선은 양반, 평민, 천민이라는 신분이 공존했던 사회다. 하지만 이 중 양반과 평민의 차이는 생각보다 크지 않았다. 양반이라는 신분이 유지되려면 대를 이어 과거에 합격해서 조정에 출사해야 한다는 전제 조건이 붙었기 때문이다. 따라서 양반들은 자신들의 존재감을 드러내고 평민들과 다른 존재라는 것을 끊임없이 부각해야만 했다. 양반들이 내세운 가장 큰 무기는 바로 글이었다.

　오늘날에는 글을 읽지 못하거나 쓰지 못하는 사람이 거의 없다. 하지만 조선시대에는 글을 배우고 익힐 수 있는 사람이 한정되어 있었다. 물론 평민과 천민도 원하면 글을 배울 수 있었지만 하루하루 먹고살기 힘든 사람들에게는 그림의 떡이었다. 거기다 글을 배워봤자 써먹을 곳이 없었기 때문에 자연스럽게 글을 멀리했다.

글을 독점한 양반들은 시詩를 중심으로 자신들만의 문학을 일궈나갔다. 하지만 시간이 흐르면서 이런 상황에 도전하는 사람들이 생겨났다. 스스로 글을 깨우친 천한 것들이 붓을 잡은 것이다. 그들을 일컬어 여항시인이라고 했다. 여항은 민가를 지칭하는 말로 더는 시가 양반들의 전유물이 아니라는 것을 상징적으로 보여줬다. 그런 여항시인의 선두주자이자 원조로 꼽히는 인물이 바로 선조 때 활동한 백대붕白大鵬(?~1592)이다. 백대붕은 자신을 전함사典艦司, 즉 배를 만드는 관청의 노비라고 스스로 신분을 밝혔다. 여항문화를 이끈 인물이 대부분 중인 신분이었던 점을 보면 더 안 좋은 환경에 처해 있었던 셈이다.

백대붕의 아버지는 노비였고 어머니도 전함사에 소속된 노비였다. 아버지는 사노비고, 어머니는 전함사에 속한 공노비였을 확률이 높다. 노비 사이에서 태어난 백대붕의 신분 역시 자연스럽게 노비였고, 어머니를 따라 전함사에 속한 노비로 자라났다.

전함사의 노비

백대붕은 태어난 시기도 정확하게 알려지지 않아 후대 학자들은 16세기 중반에 태어났을 것으로 본다. 나중에 임금의 명령을 전달하고 왕실의 열쇠를 보관하는 액정서掖庭署의 사약司鑰으로 일했다고도 한다. 따라서 백대붕이 전함사에 속한 노비가 아니었을 개연성도 조심스럽게 제기되고 있다. 하지만 액정서 사약은 잡직이라도 정6품이었으므로 노비인 백대붕이 임명될 자리는 아니었다.

하지만 그가 어울린 시회 풍월향도風月香徒 구성원이 대부분 천인이나 노비였다는 점을 감안하면 노비 신분이었을 개연성에 무게가 실린다. 액정서 사약이었다는 말은 그가 쓴 시를 사약체司鑰體라고 한 데서 시작되었을지도 모르겠다. 노비였던 그가 어떤 경로로 글을 배우고 시를 짓게 되었는지는 알려지지 않았다. 관청 일을 하면서 글에 눈을 뜬 것으로 보이는데 천부적인 재능을 가지고 있었기에 곧바로 두각을 나타냈다.

허균許筠(1569~1618)의 형이자 동인의 핵심세력이었던 허봉許篈(1551~1588)을 비롯한 양반들과도 가깝게 지냈다는 기록이 있는 것을 보면 자존심 강한 양반들도 그의 실력을 인정한 것으로 보인다. 천한 노비가 시를 잘 짓는다는 이유로 양반들과 어울렸다는 것은 당시로서는 대단히 파격적인 일이다. 임진왜란이 일어나기 2년 전인 1590년에는 허봉의 형 허성許筬(1548~1612)을 따라 일본에 다녀오기도 했다.

허균도 그에 대해서 알고 있던 것으로 봐서는 아주 인상 깊은 모습을 보여준 듯하다. 안타깝게도 그가 지은 시는 두 편만이 남아 있다. 그중 한 편인 〈취음醉吟〉은 술에 취한 그가 길에 누워서 자고 있다가 행인이 깨우자 시로 대답한 것이다.

醉揷茱萸獨自娛　술에 취해서 수유를 꽂고 혼자서 즐긴다.
滿山明月枕空壺　온 산에 달빛이 가득한데 나는 홀로 빈 술병
　　　　　　　　을 베고 자네.
傍人莫問何爲者　사람들이여, 내가 무슨 일을 하는지 묻지 말게.

壯指壬子之間磁后得地之精氣則地形亦恐以壬子爲正壯緇細交感之理可見

○十二重天、自古言天有九重者謂七緯及經星與宗動也宗動似是壯辰天也凡怕動者必有宗其行最疾統領諸道者而遠者遂竟桑其帶動此則愚智皆可與知也利氏謂十二重天添永静與東西歲差爲南壯歲差也永静者動必根於静故荘子天運篇云孰主張是孰維是孰居無事推以行是朱子倦之曆家迷之以爲不刟之法也永静及宗動以理推明非有測候東西歲差者與中厯之歲差殊者無異義然歲差者一日過一度而一歲六周也此則不緊於本陽之行

○盖天運也如此南壯歲差者利氏不言其故意至二十八宿唐一行两測與蔦經不同自牽牛至東井十四四宿距度數舊測大而唐測小自輿鬼至南斗十四宿距度數舊測小而唐測大南北之差也同一天體而豈有或伸或縮之理意今極星之移亦一天或南或壯常與極星同移也此則恐常宗動之度測其難與不動而四方交均二十八宿與極星同在兩司不必言別有二重天然宗動又緣何而有是也必有其故也抑思之二十八宿距極有遠近之別推之南

《성호사설유선》, 안정복, 국립중앙박물관 소장. 안정복安鼎福(1712~1791)이 이익의 《성호사설》을 줄여 엮은 책이다. 이익은 《성호사설》에 백대붕의 처지를 안타까워하는 글을 남겼다.

白首風塵典艦奴 나는 바람결에 백발을 휘날리는 전함사의 종이라네.

유유자적하면서도 풍류에 젖은 모습이 엿보이는 시다. 그와 동시에 자신이 전함사에 속한 종이라는 한탄 섞인 고백도 보인다. 만약, 그가 자기 솜씨를 알아주는 양반들의 칭찬에 으쓱하기만 했다면 오늘날까지 기억되지 못했을 것이다. 하지만 그는 시를 잘 짓는 노비로 멈추지 않았다.

사람들이 대부분 자신에게 주어진 삶에 만족하고 주저앉을 때 그는 시로 자기 아픔을 드러냈다. 그리고 아마 이런 점들이 비슷한 처지에 있는 하층민에게 사랑받게 된 계기가 되었을 것이다. 이는 시를 잘 쓴다는 재능과 칭찬에 매몰되지 않고 자기 정체성을 놓치지 않았다는 점을 보여준다.

조선 후기의 실학자 이익은 《성호사설星湖僿說》에서 백대붕의 안타까운 처지에 대한 글을 썼다. 백대붕의 시 한 구절만 봐도 그의 원통함과 억울함을 알 수 있다고 남겨놓은 것이다.

미천한 자들의 시회, 풍월향도

백대붕은 한 발 더 나아가 천한 신분이었지만 시를 잘 지었던 유희경劉希慶(1545~1636)과 함께 풍월향도라는 시회를 만들었다. 향도는 상여를 매는 사람들을 지칭하는 것으로 구성원들이 천한 신분임을 드러낸 것이다. 아울러 장례 절차에 대해서는 조선 최고 전문가로 알려진 유희경의 처지를 암시하기도 한 것이다. 이 시회에는 백대붕과 유희경 같은 노비들과 평민 그리고 중인들이 참여했다. 미천한 신분인 이들이 모여서 양반들의 전유물로만 여겨지던 시회를 조직한 것은 단순히 재능을 뽐내기 위해서만은 아닐 것이다. 마음속의 울분과 불만을 시로 승화하는 동시에 서로 아픔을 달랬던 것으로 보인다.

이들이 구성한 풍월향도는 임진왜란 이후 여항문인들의 등장을 알리는 신호탄이었다. 예술은 누구나 즐길 수 있어야 진정한 가치를 인정받을 수 있다. 전함사의 종이라는 신분에서 오는 울분을 시로 승화하고 동료끼리 그런 감정을 공유한 것은 예술의 진정한 가치를 보여주는 사례라고 하겠다.

전쟁이 바꾼 운명

미천한 자들의 시 모임인 풍월향도는 1592년 임진왜란이 발발하면서 막을 내리게 된다. 왜군이 바다를 건너 침략했다는 소식을 들은 조정에서는 이일李鎰(1538~1601)을 순변사巡邊使로 삼아 왜군을 막게 한다. 이일은 휘하 군관으로 백대붕을 뽑았다.

전함사의 늙은 노비를 뜬금없이 군관으로 차출한 이유는 그가 몇 년 전 통신사를 따라 일본에 갔다 왔으니 그들을 잘 알 것이라는 이유 때문이었다. 이일을 따라 경상도로 내려간 백대붕은 상주에서 왜군과 싸우다 목숨을 잃었다. 미천한 신분으로 태어났다는 한계와 울분을 시로 씻어냈던 위대한 시인의 삶이 침략자의 칼날 아래에서 끝난 것이다.

한편, 그와 절친했던 유희경 역시 전쟁터에 뛰어들었다. 의병에 가담한 그는 친구인 백대붕과 달리 전쟁이 끝날 때까지 살아남았다. 그리고 나라를 지킨 공을 인정받아 관직을 제수 받으면서 노비 신분에서 벗어났다. 전쟁이 끝나고 나서 유희경은 맥이 끊겼던 풍월향도를 다시 일으켰다.

양반이 된 유희경 덕분에 풍월향도에는 시를 잘 짓는다고 이름이 난 양반들이 함께하게 되었다. 시를 통해 노비와 양반이라는 신분을 뛰어넘은 것이다. 그 자리에는 비록 백대붕이 없었지만, 그의 뜻이 이어진 것이었다.

주막의 일꾼에서
'국민 시인'으로,
왕태

그 사람 이름은 왕태王太였다. 고려 때 태어났다면 왕실의 일원으로 떵떵거리며 살았겠지만 불행하게도 그는 조선시대에 태어났다. 찢어 지게 가난한 집안에서 태어나 배고픔이 일상인 생활을 이어갔다. 어 릴 적 부모를 모두 잃었는지 의지할 곳이 없어지자 스물네 살에 노파 가 하는 주막집의 일꾼이 되었다. 술집에서 허드렛일을 하는 중노미 라고 하는 이 직업은 4대보험이나 퇴직금 같은 건 꿈도 못 꾸는 비정 규직이었다.

아마 끼니를 거르지 않게 먹여주고 잠자리를 주는 정도였을 것이 다. 하지만 그는 중노미 노릇을 하면서도 부지런히 책을 읽고 글을 썼다. 그걸 본 노파는 쓸데없는 짓을 한다고 꾸짖으면서 책을 빼앗곤 했다. 사실 주막에서 잔심부름을 하는 중노미에게 글을 읽는 건 시

〈주막〉, 김홍도, 《단원 풍속도첩》, 국립중앙박물관 소장. 왕태는 바쁘게 돌아가는 주막에서 중노미로 일하면서 틈만 나면 글을 읽어 시인으로 명성을 떨쳤다. 심지어 당시 임금인 정조가 그를 불러 시를 듣고 성균관 소속 중부학당의 학생으로 입학할 기회를 주었다고 한다.

간을 낭비하는 짓이었다. 하지만 그는 주막집 노파의 구박에도 손에서 책을 놓지 않았다. 천성이 글을 좋아했는지 아니면 이걸로 성공하고 말겠다는 결심을 했는지는 모른다. 고시 같은 게 없던 시절이니 전자가 아니었을까 싶다.

그는 틈만 나면 책을 읽었는데 밤이 깊어 주변이 어두워지면 불이 환한 아궁이 앞에서 글을 읽었다. 노파는 아무리 꾸짖어도 그가 손에서 책을 놓지 않자 결국 후원자로 돌아섰다. 여느 때처럼 일을 끝내고 아궁이 앞에 쭈그리고 앉아서 글을 읽고 있던 그에게 다가온 노파는 초 하나를 건넸다.

"어두운 데서 보지 말고 초를 켜놓고 책을 보거라."

노파는 그 뒤로 왕태에게 매일 초를 하나씩 주어 밤에 책을 읽도록 했다. 지금으로 치면 별것 아닌 선심처럼 보이지만 조선시대에는 초가 귀해서 가정집에서는 대부분 등잔불을 썼던 것을 감안하면 노파가 통 크게 쏜 셈이다.

그렇게 초를 하루에 한 자루씩 녹여가며 글을 읽자 글솜씨가 날로 늘어났지만 그는 주막집 중노미라는 한계에서 벗어나지는 못했다. 애초부터 그걸 바랐던 것도 아니었겠지만 말이다. 하지만 하늘이 그에게 기회를 주었다.

글을 읽는 낭랑한 목소리

한양에는 경수소警守所라는 일종의 파출소가 곳곳에 있었다. 복처라고도 불리는 이곳을 지키기 위해 한양 주민들이 차출되곤 했다. 왕태도 차출되어 창덕궁의 금호문 앞에 있는 경수소로 가게 되었다. 그곳에 있다가 마침 달빛이 밝아서 책을 읽기 적당해지자 그는 품에서 중국 고대의 역사를 다룬 유교 경전인 《서경書經》을 꺼내서 읽었다.

그가 맑고 낭랑하게 글을 읽는 소리를 때마침 지나가던 윤행임尹行恁(1762~1801)이 들었다. 윤행임은 정조의 총애를 받던 관리로 이조참의와 도승지, 이조판서 등을 지냈지만 정조가 죽은 뒤 정순왕후에 의해 유배되었다가 사사된 인물이다. 그는 한밤중에 들려오는 글 읽는 소리를 듣고 호기심이 생겼다.

"한밤중에 누가 이리 낭랑한 목소리로 글을 읽는고?"

그는 걸음을 멈추고 사람을 시켜 목소리의 주인공을 불러오게 했다. 윤행임 앞에 온 왕태는 맨상투에 허름한 옷차림이었다. 더욱 이상하게 여긴 윤행임은 왕태에게 《서경》을 읽었느냐고 물었다. 왕태가 그렇다고 대답하자 그는 몇 가지를 물었다. 진짜로 《서경》 내용을 아는지 시험한 것이다. 그러다가 놀라운 사실을 알게 되었다.

　　"네가 '들은 넓어 가을 달빛이 맑고, 강은 맑아 밤안개가 희미하다'라는 시를 쓴 왕한상이 맞느냐?"

　　왕한상王漢相은 왕태가 쓰는 또 다른 이름이었다. 윤행임이 몇 마디 이야기를 나눠보고 곧장 그가 쓴 시를 떠올린 것을 보면 왕태가 이미 시인으로서 명성을 떨치고 있었다는 것을 알 수 있다. 그렇게 우연찮게 왕태를 만난 윤행임은 정조 임금에게 이 사실을 알렸다. 그러자 학문을 사랑한 정조는 그를 궁궐로 불러 시를 짓도록 했다. 잠깐 고민하던 그는 몇 걸음을 떼어놓기도 전에 시를 지었다.

和風生佐幕　　화창한 바람은 신하들의 장막에 불고
旭日暎丹門　　빛나는 아침 햇살은 대궐의 붉은 문을 비추네.

　　걸으면서 시를 지은 것으로 봐서 조조曹操(155~220)의 아들 조식曹植(192~232)이 형인 조비曹丕(187~226)에게서 일곱 걸음을 떼기 전에 시를 읊어보라는 명령을 받고 지었다는 〈칠보지시七步之詩〉의 고사를 흉내 낸 것 같다. 조식이 일곱 걸음을 떼기 전에 시를 짓고 살아남은 것처럼 그도 멋진 시를 지어 정조 임금을 감탄시켰다. 아울러 장안에 유행하며 명성을 떨치게 만들었다. 천한 중노미가 임금 앞에 나아가 시를 짓고 칭찬을 받았다는 것은 지금으로 치면 무명가수가 텔레비전 서바이벌 프로그램에 나가 쟁쟁한 경쟁자들을 제치고 우승한 것과 견줄 만하다.

임금의 총애를 받다

정조는 그를 친위부대인 장용영壯勇營의 서리書吏로 임명했다. 아무리 시를 잘 짓는다고 해도 단번에 하급이긴 하지만 관리로 임명한 것은 사실상 발탁인사였다. 장용영은 군대였던 만큼 활쏘기와 말 타기로 시험을 봤다. 하지만 정조는 특별히 그에게만큼은 시험을 치르는 대신 시를 한 수 짓는 것으로 대신하라고 명했다.

정조는 이후에도 그를 불러 시를 듣고 많은 상을 내렸다. 학문을 사랑했던 임금이었던 만큼 특별히 아낀 것이다. 그리고 얼마 후에는 성균관 소속 교육기관인 중부학당의 학생으로 삼았다. 양반 자제만 들어갈 수 있는 학당의 학생으로 삼은 것은 장용영 서리로 임명했던 것만큼이나 파격적인 혜택이었다.

임금이 아끼는 시인으로 이름을 떨친 그는 송석원시사에 참여했다. 인왕산 옥류동 계곡에 있는 송석원에 자리 잡은 이 시회는 풍월향도처럼 양반이 아닌 문인들이 모여서 만든 시회였다. 그는 이곳에서 자신과 처지가 비슷한 동료들과 함께 마음껏 시를 쓰고 기량을 뽐냈다. 촛불을 켜놓고 밤새워 책을 읽던 술집 중노미가 시를 잘 짓는다는 이유로 임금의 총애를 받고 시회에 당당하게 참여할 수 있었다는 것은 이 시기 조선이 그만큼 역동적이었다는 것을 의미한다.

싱공신화를 쓰다

정조는 그를 무척 아꼈는지 계속 신경을 써줬다. 조선 후기의 화가,
여항문인이자 추사秋史 김정희金正喜(1786~1856)의 제자로 여항문인의
이야기를 담은《호산외기》를 쓴 조희룡趙熙龍(1789~1866)은 왕태의 일
화를 글로 남기면서 그가 전례를 찾을 수 없는 은혜를 입었다고 했
다. 중부학당에서 공부한 왕태는 경전을 암송하는 것으로 시험을 치
는 강경과講經科에 응시했지만 정조가 승하한 뒤라서인지 번번이 낙
방했다.

왕태는 결국 주변의 도움으로 무관직인 조령별장鳥嶺別將에 임명
되었다. 드라마에서 정승이나 판서를 주로 봐왔던 우리에게는 하찮
은 벼슬처럼 보이지만 조령별장도 당시 사람들에게는 대단한 관직이
었다. 특히 중노미 출신인 그에게는 꿈도 꾸지 못할 일이었다. 실제로
조령에 별장으로 부임한 것이 아니라 명예직으로 며칠 주어진 벼슬
일 확률이 높다.

시인으로서 남은 생을 살아간 그는 일흔 살 때 세상을 떠났다. 하
지만 그가 이룩한 성공은 당대 수많은 사람을 열광시켰다. 공부 하
나만으로 어려운 환경을 딛고 유명 대학교에 들어가거나 고시에 합격
한 사람들을 존경의 눈길로 바라보는 요즘처럼 말이다.

김홍도가 사랑한
나무꾼 시인,
정봉

18세기에 접어들면서 문학은 이제 더는 양반들의 전유물이 아니게
되었다. 예전 같았으면 상상도 못할 일이었지만 중인들이 글을 읽고
노비들이 시를 짓는 일이 일상적으로 된 것이다. 이들은 스스로 여
항문인이라고 일컬었는데 여항은 여염집을 가리키는 말이다.

　각자 사연이 있는 수많은 여항문인이 세상에 이름을 드러냈다. 아
마도 양반과 당당히 어깨를 겨루는 여항문인의 모습에 하층민은 박
수갈채를 보냈을 것이다. 그들의 성공이 아름다운 또 다른 이유는
원래부터 글공부를 해야 하고 그럴 만한 여유가 있었던 양반과 달
리 대부분 생업에 종사하거나 글과는 거리가 먼 인물들이었기 때문
이다.

　글공부를 아무리 열심히 해도 과거시험을 봐서 관직에 나아갈 수

없었기 때문에 공부할 이유가 없었다. 하지만 여항문인은 자기 처지를 비관하지 않고 붓을 들어 앞으로 나아갔다. 비록 신분이 미천해서 양반에게 고개를 숙여야 하지만 글솜씨로는 결코 뒤처지지 않겠다는 집념을 보였다. 유재건의 《이향견문록》에는 여항문인의 기개를 보이는 에피소드가 있다.

지금도 경치가 좋아 많은 사람의 사랑을 받는 옥류동계곡에서는 여항문인의 시회인 송석원시사가 열렸다. 이곳 석벽에는 '송석원松石園'이라는 글자가 새겨져 있는데 추사체로 유명한 김정희가 쓴 것이다. 보통 김정희가 직접 써준 글씨라면서 영광이라고 여겨야 했지만 여항문인은 오히려 모욕으로 받아들였다. 그중 한 명인 김태욱金泰郁이 술에 취해 칼로 자기 팔을 그으면서 동료들에게 한 말에 그 답이 들어 있다.

"쓸모없는 이 팔은 잘라버려야 한다. 이곳에 모인 우리 숫자가 수백, 수천에 달하는데 어찌 명필이 없어서 남의 손을 빌려 글자를 새긴단 말인가!"

비록 신분으로는 굽히지만 문학으로는 절대 굽히지 않겠다는 절규가 들려오는 것 같다.

양근에 사는 정체 모를 시인

정봉鄭鳳(1714~1789)이 활약하던 18세기라는 시대는 여항문인이 신분의 벽을 향해 도전하던 시기였다. 정봉은 그나마 중인이나 평민이던 다른 여항문인과 달리 노비 신분이었다. 그는 양근楊根, 즉 오늘날 경기도 양평에 사는 여춘영呂春永이라는 양반의 노비였다. 나이가 들면서 나무꾼을 했기 때문에 초부樵夫라고 불렸다. 그래서 초부라는 명칭이 그의 또 다른 이름이 되었다. 노비 신분이 세습된다는 점을 감안하면 부모나 어머니가 노비였던 것으로 보인다.

원래대로라면 평생 노비로 살아야 했지만 총명한 덕분에 다른 삶을 살게 되었다. 아마 오다 가다 주인마님이나 도령이 책 읽는 것을 귀담아 듣다가 바로 외워버린 모양이다. 이런 일이 한두 번이 아니라 계속되자 주인 여춘영이 그의 영특함을 알아차렸다. 그래서 자기 자식과 같이 공부할 수 있게 했는데, 이때부터 그의 글솜씨가 나날이 늘어났다. 아마 나무꾼 노릇을 하게 된 것도 주인의 배려가 아니었을까 싶다. 아무래도 집 안에서 일하는 것보다 집 밖에서 일하는 편이 글공부할 시간이 많았을 테니 말이다.

나무꾼이 된 정봉은 나무를 해서 생계를 이어가며 끊임없이 책을 읽고 시를 썼다. 그가 쓴 시들이 조금씩 세상에 알려지면서 명성을 떨쳤다. 세상 사람들에게는 양근에 사는 나무꾼 시인이라고 알려졌다. 마치 무림 고수들 사이에서 은거하고 있는 진짜 고수에 관한 소문이 떠도는 식이었다.

조수삼을 비롯한 당대 지식인들이 다투어 그에 관한 이야기를 남겼는데 외모와 이름, 출신이 제각각인 것을 보면 그의 실체가 어느 정도까지 드러나지 않았는지 알 수 있다. 어떤 사람은 용모가 기괴하다고 말했고, 또 다른 사람은 수염이 탐스러운 도인 모습이라고 했다.

다른 여항문인처럼 한양에 살면서 송석원시사나 시회에 모습을 드러내지 않았기 때문에 이런 전설 아닌 전설이 퍼져나갔는지도 모르겠다. 생계를 위해 일하기도 했지만, 주인에게 매어 있는 노비 신분이라 남들 앞에 나서지 못했을 수도 있다.

자유의 몸이 되다

언제인지 정확하게 알려지지는 않았지만 정봉이 40대를 넘길 즈음 주인인 여춘영이 그를 노비 신분에서 풀어줬다. 시를 잘 쓴 덕분에 자유의 몸이 된 것이다. 평민이 된 그는 배 한 척을 구해서 양근과 동호東湖, 즉 오늘날 동호대교가 있는 옥수동의 나루터를 오가며 땔나무를 팔아 생계를 이었다. 그렇게 자유롭게 한양을 오가게 되면서 정초부는 본격적으로 여항문단에 모습을 드러냈다. 다음 시 〈동호범주東湖泛舟〉는 그가 땔감을 팔러 오가던 동강 풍경을 읊은 시이리라.

東湖春水碧於藍   동호의 봄 물결은 쪽빛보다 푸르다.
白鳥分明見兩三   눈에 보이는 건 두세 마리 해오라기
柔櫓一聲飛去盡   노를 짓는 소리에 새들은 날아가고
夕陽山色滿空潭   노을 아래 산 빛깔이 강물 아래 가득하다.

이 시는 김홍도가 그린 〈도선도渡船圖〉의 화제畫題로 알려져 있다. 화제는 그림 위에 쓰는 시문인데 애초에는 김홍도가 직접 썼거나 지체 높은 양반이 지은 시일 것이라고 짐작되었다. 하지만 《초부유고

〈도선도〉, 김홍도, 서울대학교 박물관 소장. 당대 최고의 화가 김홍도가 정봉의 시를 읽고 영감을 받아서 그린 그림이다.

樵夫遺稿》라는 정봉의 문집에 같은 시가 실려 있는 것이 발견되면서 그의 시로 판명되었다.

도화서 화원이자 당대 최고 화가라는 김홍도가 그의 시를 읽고 영감을 받아서 그림을 그릴 정도였으니 얼마나 큰 명성을 떨쳤는지 짐작이 간다. 그의 명성을 흠모한 선비들은 그가 사는 양근까지 찾아와서 만나볼 정도였다.

지게를 짊어지고 길 위에 서서 시를 쓰다

그가 지은 시들은 서정적이면서도 자연의 풍광을 거침없이 노래했다. 그래서 한양의 내로라하는 양반들은 물론이고 여항문인에게 큰 인기를 끌었다. 그의 시가 계층을 떠나 큰 사랑을 받았다는 점은 노론 양반으로 구성된 동원아집東園雅集 시회에 초대를 받았다는 데서 잘 알 수 있다. 하지만 그의 삶은 녹록지 않았다. 나무를 해서 파는 것으로는 입에 풀칠하기도 힘들었다.

혹시나 관청의 곡식을 빌릴 수 있을까 해서 갔지만 명단에 없다는 이유로 한 톨도 받지 못했다. 노비에서 풀려나면서 호적에 제대로 실리지 못했던 모양이다. 서운한 마음에 강가의 정자에 오른 그의 눈에 저녁밥을 짓는 연기가 여기저기서 모락모락 피어오르는 게 보였다. 남들은 다 관청의 곡식을 빌려서 배를 채우는데 혼자만 굶주리게 된 안타까운 상황을 들판의 노인이라는 뜻의 〈야노野老〉라는 제목의 시로 풀어냈다.

山禽不識樵夫姓　산새는 내 이름을 모르지 않는데
群籍曾無野老名　관아의 호적에는 이 늙은이 이름은 아예 빠져 있네.
一粒難分大倉粟　창고에 쌓아놓은 곡식 한 톨 못 얻고
高樓獨倚暮烟生　정자에 홀로 섰는데 밥 짓는 연기가 모락모락
　　　　　　　　피어난다.

최대한 점잖게 표현했지만 남들이 다 얻는 곡식을 얻지 못했다는

안타까움과 아쉬움 속에 숨긴 원망하는 마음이 보인다. 결국 정봉은 시인으로서 더할 나위없는 명성을 떨쳤지만 생활고를 이기지 못했다. 그가 언제 세상을 떠났는지는 정확하게 알려져 있지 않다. 하지만 한때 주인으로 정봉을 노비 신분에서 풀어준 여춘영이 그의 시신을 거둬 묻어주었다는 기록이 있는 걸로 봐서 1812년 이전에 사망한 것으로 보인다.

주인이었지만 그의 문학세계를 누구보다 잘 이해하고 사랑했던 여춘영은 그의 안타까운 주검 앞에서 시 한 수를 남겼다. 저승에서도 나무를 하는지 모른다면서 조선에는 명문가가 많으니 다음 생에는 부디 그런 집안의 자손으로 태어나라는 내용이었다. 신분에 짓눌려 재능을 마음껏 펼치지 못한 것을 더 없이 안타까워한 글이다. 양근 땅에 숨어사는 나무꾼 시인의 전설은 그렇게 막을 내렸다. 하지만 백성들은 시로써 명성을 떨친 그의 성공담을 두고두고 기억했다.

세상과 불화한
삐딱이,
정수동

풍자의 사전적 의미는 불합리한 세태나 권력층의 잘못을 은유적으로 비꼬는 것을 말한다. 그들의 힘과 권력에 맞서지 못한 사람들은 에둘러 비꼬는 풍자를 보면서 속시원해했다. 서슬 퍼런 독재정권 시절 신문의 네 컷짜리 만평이 국민의 속을 시원하게 해주었듯이 말이다. 말 한마디 잘못하면 역모로 몰려 죽을 수도 있었던 조선시대에도 풍자와 해학이 있었다.

바른 말 하는 걸로 둘째가라면 서러워할 선비들이 수두룩했는데 그들 중에서 유독 눈에 띄는 사람이 바로 정수동鄭壽銅(1808~1858)이다. 오늘날에도 조선시대를 배경으로 한 만담이나 풍자에 그의 이름이 자주 등장한다.

1808년에 태어난 그의 본명은 정지윤鄭芝潤이었다. 하지만 수동이라는 호를 붙여 정수동이라고 불렀다. 그는 대대로 역관을 한 집안에서 태어났다. 따라서 그도 당연히 역관이 되어야 했다. 하지만 그는 평생 벼슬을 하지 않았다. 그 대신 혼탁한 세상을 마음껏 조롱하고 비웃다가 생을 마감했다.

삐딱한 천재

그는 천재로 알려졌다. 아무리 어려운 문장도 한 번만 보면 대번 뜻을 알았다. 시를 짓는 솜씨도 뛰어나서 중인 신분에 벼슬을 하지 않았는데도 김정희 같은 대학자부터 영의정까지 지낸 조두순趙斗淳(1796~1870) 같은 권력자까지 두루 알고 지냈다. 다른 사람이었다면 그런 인맥을 이용해 벼슬 한 자리 얻으려고 했겠지만, 그는 자유로운 삶을 택했다. 입담이 좋아서 한두 마디만 해도 상대방을 웃겼다고 하는데 세상을 풍자하고 조롱하는 이야기를 잘했기 때문이다.

역관 집안이긴 했지만 평생 관직에 나가거나 돈벌이를 하지 않았기 때문에 부인이 생계를 책임졌다. 한마디로 말만 잘하는 무능력한 가장이었다. 당대 손꼽히는 대학자와 권력자가 관심을 기울일 정도의 천재가 이렇게 무능력했던 이유는 무엇일까? 그를 곁에서 지켜본 조두순은 그가 규범과 관습에 얽매이는 걸 싫어하는 자유분방한 성격이었다고 기록했다. 《이향견문록》에는 그의 자유분방한 성격을 잘 나타내는 일화들이 실려 있다.

김정희가 그를 자기 집에 머물게 하면서 책을 읽도록 했다. 김정희는 시인이나 화가들의 후원자로 유명했다. 재능이 있어 보이면 자기 집에서 숙식을 제공하면서 가르쳤다. 조선 후기 남종화南宗畫의 대가 소치小痴 허련許鍊 역시 진도의 고향을 떠나 그의 집에서 그림을 배웠다. 김정희는 정수동에게 자기 집에 있는 책을 마음껏 읽어도 된다고 했다. 탁월한 재능을 썩힌다고 생각해 배려한 것이다.

정수동은 그렇게 몇 달 동안 김정희 집에서 얌전하게 글공부를 하는가 싶었는데, 어느 날 갑자기 탈출했다. 김정희가 사람을 시켜 행방을 찾아낸 다음 강제로 끌고 와서 감금하다시피 했다. 그리고 혹시나 탈출할까봐 갓과 두루마기를 빼앗았다. 하지만 정수동은 그 뒤에도 계속 탈출을 시도했고, 결국 김정희 손아귀에서 벗어나는 데 성공했다.

두 번째로 나선 이는 고종 때 좌의정까지 지낸 김성일이다. 그는 평소에 함부로 사람을 사귀지 않는다는 평을 받았지만 술과 음식을 푸짐하게 준비해놓고 정수동을 불러들였다. 하지만 김성일의 시도 역시 실패로 돌아가고 말았다. 남들이 들으면 굴러온 복을 제 발로 걷어찼다고 이야기했겠지만 구속 받는 걸 싫어하는 정수동에게는 지옥 같은 세월이었다.

김정희와 김성일의 손아귀에서 벗어난 정수동은 나날이 술을 즐겼다. 그러면서 살림살이가 더욱 곤궁해지자 조두순이 다시 팔을 걷어붙였다. 자신이 받은 녹봉을 나눠주려고 한 것이다. 물론 그냥 주면 정수동이 받지 않을 것을 안 그는 하룻밤에 시 백 편을 지으라고 했다. 그러자 정수동은 정말 하루 만에 시를 백여 편 지었는데 한 편도 허술하지 않았다고 술회했다.

조두순은 내친 김에 그에게 역과 시험을 보게 했다. 역관이 되면 살림살이가 나아지지 않을까 해서 나온 배려였다. 마침 조두순이 시험 감독관이었기 때문에 별로 어려운 문제가 아니었다. 하지만 그의 앞에 나온 정수동은 꿀 먹은 벙어리처럼 아무 말도 하지 않다가 겨우 한마디 내뱉었다.

"저는 아무것도 모릅니다."

결국 정수동은 역과 시험에서 떨어지고 말았다. 조두순이 계속 정수동을 아끼고 기회를 주려고 하자 이를 못마땅하게 여긴 젊은 선비가 찾아왔다. 그리고 미천한 여항문인과 어울리는 것은 체통에 맞지 않으며, 정수동은 술꾼에 무례한 자이니 가까이하지 말라고 했다. 그러자 조두순은 딱 잘라 말했다.

"그대가 비록 문인으로서 명성을 떨친다고는 하지만 그것은 지체 높은 집안과 높은 관직 덕일세. 하지만 백 년 뒤 사람들은 정수동은 알지만 자네는 기억하지 못할 것이네. 그러니 더 말하지 말게."

그저 붓 가는 대로 쓸 뿐

정수동이 지은 시에서는 고집스러운 그의 성격이 그대로 드러났다. 천재적인 재능을 지녔던 그는 예전의 시들을 읽고 자신만의 것으로 소화해냈다. 그러면서 자기감정과 세상에 대한 비평을 실었다. 그는 자신이 지은 《하원시초夏園詩鈔》 서문에도 마음속 감정을 시에 그대로 드러냈다고 표현했다. 이렇게 세상 눈치를 보지 않고 자기만의 색깔을 분명하게 드러냈기 때문에 사람들의 사랑을 받았다.

정수동은 여느 시인과 달리 갑갑한 격식이나 문장을 멀리하고 자기감정에 충실한 시를 썼다. 그저 붓 가는 대로 쓸 뿐이라는 말이 가장 잘 어울리는 시인이었다. 재치 넘치는 성격 때문에 익살꾼이라는 이미지가 남아 있지만, 그는 불우한 시대를 노래한 시인이자 예술가였다. 그리고 시대의 아픔을 외면하지 않았다. 제목조차 없는 그의 시는 이런 시대상을 잘 드러냈다.

疎狂何必謹嚴休　세상이 미쳐 돌아가는데 근엄하면 무엇하리요.
只合藏名死酒棲　이름을 감추고 술집에서 술을 마시다 죽으리라.
兒生便哭君知不　아이가 태어나면 아무것도 모르고 울기만 하는
　　　　　　　　것을 아는가?
一落人間萬種愁　사람이 세상에 떨어지면 만 가지 걱정을 겪는다.

정수동은 영조와 정조 시대를 지나 본격적인 세도정치 시대로 접어드는 시기를 살았다. 정수동은 부패한 권력이 백성을 어떻게 괴롭히고 나라를 좀먹는지 똑똑히 보았고, 자기만의 방식으로 저항했다. 정수동이 이런 도발적인 시를 남기고 늘 술에 취할 수밖에 없었던 것도 시대의 아픔을 견디지 못했던 탓이리라.

그는 권력가들의 도움을 마땅찮게 여기고 비슷한 부류인 여항문인과 어울렸다. 미천한 사람들과도 스스럼없이 어울리고, 어려운 처지였음에도 쌀과 돈이 생기면 몽땅 나눠줬다. 익살꾼이면서 기부천사이기도 했던 정수동은 하층민에게서 사랑을 많이 받았다. 그 덕분에

그를 주인공으로 하는 만담과 얘깃거리가 쏟아져 나오면서 오늘날까지 이어지고 있다.

풍자꾼 정수동

그렇다면 그가 어떤 식으로 권력을 조롱하고 비판했기에 풍자꾼 정수동으로 기억되었을까? 다음 일화는 풍자꾼 정수동의 진면모를 보여준다. 정수동이 하루는 조두순 집에서 열리는 잔치에 초대를 받아서 가던 길이었다. 조두순 집에 도착했을 때 마침 소동이 벌어졌다. 조두순의 손자가 엽전을 삼켰던 것이다. 다들 어쩔 줄 몰라 발을 동동 구르는데 정수동만은 태연했다.

"괜찮을 것이야. 할아버지가 수만 냥을 꿀꺽 삼키고도 멀쩡한데 그깟 엽전 한 닢 삼킨 게 뭐 어때서?"

당대 최고 권력자인 조두순 앞에서 이런 농담 아닌 농담을 할 수 있는 사람이 누가 있었을까? 거기다 조두순은 그를 어떻게든 도와주려고 한 사람이다. 《이향견문록》에 남아 있는 정수동의 기록 역시 조두순이 쓴 것이다. 하지만 그는 은혜 대신 정의를 택했다.

그가 내로라하는 양반들의 도움을 하찮게 여긴 건 배은망덕해서가 아니라 그들의 호의호식 뒤에 가려진 백성의 모진 삶을 똑똑히 봤기 때문이다. 그 덕분에 그를 주인공으로 하는 익살스러운 이야기가 널리 퍼져 나갔다. 하나같이 제 역할을 못하는 양반과 지배층을 비꼬고 조롱하는 내용이었다. 가혹한 정치에 신음하던 백성은 술에 취했으면서도 할 말을 다하는 정수동에게 열광했다.

후대에 기억되는 예술가들은 대부분 그들이 살아가던 시대와 권력에 배척을 받았다. 개인적인 삶도 불우한 경우가 많았다. 정수동 역시 스스로 선택한 가난한 삶에 평생 고통받았다. 어린 아들이 갑자기 아팠을 때는 약 한 첩 제대로 쓰지 못하고 떠나보내야 했다.

정수동은 집안을 일으킬 것으로 기대하던 아들의 갑작스러운 죽음에 슬픔을 가누지 못했다. 거기다 죽은 아들의 상복이 없어 평소에 입던 남루한 옷을 입힐 수밖에 없었던 것을 몹시 슬퍼했다. 아들이 글공부를 하면서 벽에 남긴 서툰 글씨를 보면서 안타까움을 감추지 못했다. 독설가로서 권력 앞에서도 굽히지 않았지만 자기보다 먼저 세상을 떠난 아들 앞에서는 그냥 아버지였을 뿐이다.

정수동은 아들마저 잃자 더욱 썩어가는 세상을 풍자하며 술에 빠져 지냈다. 그리고 어느 날, 술에 취해 잠들었다가 다시는 깨어나지 못했다. 어쩌면 눈을 뜨고 싶지 않았을지도 모르겠다.

나는
종놈일 뿐이라오,
이단전

그는 이름부터 심상치 않다. 이단전李亶佃(?~1790), 즉 진실로亶 밭을 가는 놈佃이라는 뜻으로 미천한 신분임을 고스란히 드러내는 이름이다. 설마 부모가 자식에게 이런 이름을 지어줬을 리는 없으니 나이가 들면서 스스로 이렇게 부른 모양이다. 그리고 필한疋漢이라는 호를 썼는데 누가 의미를 묻자 이렇게 대답했다.

"아래 하下자와 사람 인人자를 파자해서 필疋자로 정했습니다."

그리고 그 뒤에 붙은 한은 보통 천한 남자를 지칭하는 상놈이라는 뜻의 상한常漢에 따온 것이다. 그러니까 이름보다 더 자주 불렸을 호는 하인 놈 혹은 아랫것이라는 뜻이다. 괴상한 이름에 아랫사람을 지칭하는 호를 가지고 있는 이 인물은 엄격한 신분제 사회였던 조선에서 스스로 가장 낮은 인물이라고 선언하고 다녔다. 심지어 보부상이나 천한 자들이 쓰는 패랭이라고 불리는 평량자를 늘 쓰고 다녀서 이단전 대신 이평량이라고도 불렸다. 미천하게 태어났어도 조금만 돈을 모으면 양반 신분을 사거나 양반 행세를 하던 시대에 일종의 역주행을 한 셈이다.

출생의 비밀

그는 실제로도 종이었다. 어머니는 유언호라는 양반집 종이었고, 아버지는 누군지 몰랐다. 이는 이단전의 어머니가 정식으로 혼인하지 않고 관계를 가졌을 수밖에 없었다는 것을 암시한다. 당사자는 모르겠지만 주인은 이단전의 어머니가 누구와 관계했는지 크게 관심을 기울이지 않았다. 어차피 그녀 몸에서 태어난 아이는 자기 재산이었기 때문이다. 온전한 인격체가 아니라 말하는 동물이나 걸어 다니는 재산 취급을 당할 운명에 놓인 것이다.

설상가상으로 외모도 별로였다. 남들보다 작은 체격에 한쪽 눈은 애꾸였고, 천연두를 앓아서 얼굴은 온통 얽었다. 심한 말더듬이에다 세상 물정에 어둡고 고집까지 세서 종으로서는 낙제점이었다. 하지만 그에게는 남들이 가지지 못한 재주가 하나 있었으니 바로 시를 짓는 능력이었다. 그가 어떻게 글을 터득하고 시를 쓰게 되었는지는 알려지지 않았다. 다른 노비 시인들처럼 주인집 아들이 글을 배울 때 어깨 너머로 익혔다든지, 산에 나무를 하러 가서 하라는 나무는 안 하고 책만 읽었다는 식의 이야기는 전해지지 않는다.

한 가지 단서가 될 만한 것은 여항시인의 시를 모은 문집 《풍요속

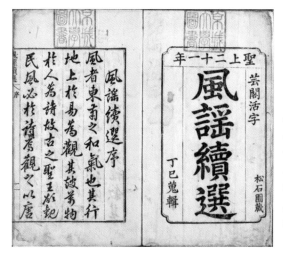

《풍요속선》. 천수경. 규장각한국학연구원 소장. 여항시인의 문집 《풍요속선》에 따르면 이단전은 양반가인 연안이씨의 자식으로 추정되나 본인은 끝내 '종놈'이라고 주장했다.

선風謠續選》에 연안이씨 집안이라고 밝혔다는 점이다. 《풍요속선》은 송석원시사를 주도했던 천수경千壽慶 등이 편찬한 문집이다. 학자들은 대부분 근거가 없다고 넘어가지만 아버지와 관련이 있을 수 있다. 이단전 아버지가 연안이씨 집안의 양반일 개연성도 배제하지 못한다. 양반 체면에 여종을 취해서 아들을 낳았다는 추문에 휩싸이기 싫어서 숨겼지만 차마 아들을 외면하지 못하고 도와줬을 수 있다.

사실 이단전은 주인에게 매어 있는 종이라고 하기에는 아주 자유롭게 돌아다니면서 양반들과 교류했다. 일을 시켜야 하는 주인으로서는 달갑지 않은 상황이었지만 제지하지도 않았다. 이런 일은 지금껏 알려지지 않은 아버지의 존재로 설명될 수 있다. 이단전이 기를 쓰고 자신은 종이라고 말하고 다닌 것은 이런 아버지에 대한 반항에서 나왔다는 추정도 가능하다.

곁에 두고 싶은 천한 시인

이단전은 이름과 호에 거리낌 없이 천한 신분을 드러낼 정도로 성격이 삐딱했지만 동시에 위대한 시인이기도 했다. 그가 누구에게서 배웠는지는 알려지지 않았지만 시를 짓는 솜씨 하나만큼은 글공부를 한 양반 뺨을 칠 정도였다.

洞葉蕭蕭下　　　마을의 나뭇잎이 쓸쓸히 떨어지고
溪雲寂寂生　　　시냇가의 구름이 조용히 일어나네.

〈청금시聽琴詩〉라는 제목의 짤막한 시를 보면 과장하고 부풀어 올린 것이 아니라 서정적이면서 차분한 감정이 그려진다. 동시대 사람들도 같은 느낌을 받았는지 그의 시에 대해 칭찬을 아끼지 않았다. 그 덕분에 종 신분이고 이름과 호에도 대놓고 종놈이라고 한 이단전은 여항시인은 물론 양반과도 교류할 수 있었다.

그가 스승으로 모신 사람이 유명한 실학자 이덕무李德懋(1741~1793)였다. 그 밖에도 《추재기이》를 쓴 조수삼이나 《호산외기》를 쓴 조희룡은 물론 노론에 속한 문신으로 《자저실기自著實紀》를 쓴 심노숭沈魯崇(1762~1837)과도 가깝게 지냈다. 그는 항상 큰 주머니를 차고 다니다가 좋은 시상이 떠오르면 종이에 적었다. 조희룡은 그의 이런 행동을 요절한 당나라 시인 이하李賀(790~816, 자는 장길長吉)와 비교하면서 그보다 몇 수 위라고 칭찬을 아끼지 않았다.

그는 자신이 지은 시를 남들에게 잘 보여주지 않았지만 갑자기 찾아가서 시를 보여주곤 했다. 《추재기이》를 쓴 조수삼도 그의 방문을 받았는데 금강산에 대해 쓴 시를 보여주었다고 했다. 그는 다른 사람들이 아무리 좋다고 해도 소용없고 조수삼이 좋다고 해야 마음이 놓인다고 털어놨다. 시에 대한 최고의 자신감과 극도의 불안감이 공존하는 이야기다. 조수삼은 밤새 술을 마시고 이야기하면서 추억을 더듬었다.

선비인 심노숭도 자신의 일기인 《자저실기》에 그에 대한 기록을 남겨놓았다. 그는 이단전을 천인이라고 표현하면서 규장각의 사검서四檢書와 절친하게 지냈다고 기록해놓았다. 사검서는 서얼 출신인 박제가朴齊家(1750~1805), 유득공, 이덕무, 서이수徐理修(1749~1802)를 지칭하는데, 이들은 백탑파의 핵심 인물이다. 스승인 이덕무를 통해 교류한 듯하다.

이들과 친했다면 정약용을 비롯한 실학자들과도 교류했을 개연성이 크다. 아울러 당대 문장가이자 영의정까지 올랐던 남공철이 그를 통해 최북催北과 만났다. 양반은 물론 최북 같은 화가들과도 스스럼없이 어울렸던 것이다.

글 잘 쓰는 능력을 이용했다면 좀 더 나은 생활을 할 수도 있었겠지만 그는 돈벌이에는 무관심했다. 그래서 한때 남의 글을 대신 써주는 일을 했는데 그렇게 번 돈은 모조리 술값으로 탕진했다. 그는 또한 아무리 지체 높은 양반이라도 잘못한 것을 그냥 지나치지 못하는 성격이었다. 대번에 종놈이 주제파악을 못한다는 소리가 따라붙었고, 결국 미친 사람이라는 손가락질을 받았다. 하지만 주변에서는 그를 무척 아꼈다.

세상과 불화한 자유로운 종

앞서 여러 가지로 추정했지만 그가 왜 하인이라는 뜻의 이름과 호를 지었는지는 여전히 알 수 없다. 반항과 저항을 담은 것이 분명한데 무엇이 그를 이렇게 만들었는지 매우 궁금하다. 항상 주머니를 가지고 다니면서 좋은 시상이 떠오르면 얼른 적었다고 하는 대목이나 누군가를 불쑥 찾아가 자기 시를 평가해달라고 재촉하는 모습을 보면 시에 대한 집념과 사랑이 엿보인다. 채울 수 없는 허전함을 시로 달래지 않았나 싶다. 방황하는 시인이었던 그는 때 이른 죽음으로 방황을 마무리한다.

심노숭의 《자저실기》에는 이단전의 마지막 모습이 자세하게 남아 있다. 한겨울에 이단전이 불쑥 찾아오자 심노숭은 서둘러 술과 음식을 대접하며 그를 반겼다. 밤늦게까지 시에 대해 이야기하려고 했는데 이단전이 다른 약속이 있다며 그의 손길을 뿌리치고 떠났다. 그리고 다음 날, 이단전이 근처 어느 선비 집에 갔다가 과음으로 쓰러져 세상을 떠났다는 소식을 들었다. 그의 나이 서른여섯 살이었다.

그의 죽음을 안타까워한 주변에서는 추모하는 마음을 담은 시를 남겼다. 중인들이 주축이 된 여항문인이 시회를 조직하고 활발하게 시를 지은 것은 양반에 대한 눈에 보이지 않는 도전이었다. 신분으로는 어쩔 수 없지만 시를 짓는 능력은 결코 뒤지지 않는다는 시위나 다름없었다.

　하지만 이단전은 그런 흐름과 정반대로 스스로 미천하다고 내세웠다. 굴복하거나 무릎을 꿇은 것이 아니라 양반이라는 절대적 기준에 대한 혼자만의 조롱 방식이었다.

5장
환쟁이, 붓끝으로 세상을 응시하다

조선의
반 고흐,
최북

최북崔北은 언제 태어나서 언제 죽었는지 모른다. 따라서 그에 관해 이야기하려면 이 문제부터 짚고 넘어가야 한다. 대략 18세기 초반에 태어나 후반쯤 세상을 떠난 것으로 추정하는데, 보통 숙종 38년(1712) 한양에서 태어나서 정조 10년(1786) 세상을 떠난 것으로 본다. 이는 최북의 출생이 얼마나 주목받지 못했고, 또한 죽음이 얼마나 폭풍 같았는지 반증한다.

그는 경주최씨 출신으로 아버지가 계사計士였다고 한 걸 보면 전형적인 중인 집안에서 태어난 것으로 보인다. 계사는 조정의 재정을 책임지는 호조戶曹의 하급 실무관료였다. 이 시기 중인의 직업은 대부분 대대로 이어온 가업이었다는 점으로 미뤄볼 때 그 역시 보통 사람이었다면 아버지처럼 하급관리로 살았을 것이다. 하지만 어떤 이유

에선지 그는 아버지의 길을 가는 대신 붓을 잡고 그림을 그리는 길을 걸었다. 그림만 잘 그린 것이 아니라 글씨도 잘 쓰고 시도 잘 지어 여항문인의 시를 모은《풍요속선》에 그가 쓴 시가 실리기도 했다.

김홍도와 신윤복이 도화서 소속으로 국가의 녹을 받으며 그림을 그린 것과 달리 그가 어디서 누구에게 그림을 배웠는지 알려지지 않았다. 집안 분위기나 경제사정을 감안하면 취미로 배운다는 건 불가능했으니 어린 시절부터 자질을 드러낸 것이 아닌가 싶다. 아니면 외가 쪽의 도움이나 지원을 받았을 수도 있다. 어떻게 그림을 그리기로 결심하고 배웠는지 알려지지 않은 탓인지 불쑥 나온 그의 첫 그림은 몹시 강렬하게 느껴졌다.

1742년, 서른이 갓 넘은 나이에 그린 〈금강전경도金剛全景圖〉에서 이미 원래 이름을 버리고 칠칠ㄴㄴ이라는 이름을 사용했다. 남종화의 대가 소치 허련도 그림을 본격적으로 그리기 시작할 무렵 이름을 바꾸었다. 조선시대에 집안에서 주어진 이름을 버린다는 것은 다른 길을 걷겠다는 선포나 다름없었다.

괴팍하고 제멋대로인 성격

체계적으로 그림을 배우지 않았는데도 뛰어난 솜씨를 자랑했으므로 최북은 등장 직후부터 사람들의 눈길을 끌었다. 일본에 가는 통신사를 따라가기도 했다. 당시 조선은 일본에 통신사를 보낼 때 각 분야의 전문가를 함께 보냈는데 일본인에게 앞선 문화를 자랑하는 한편, 그들의 콧대를 꺾어놓기 위해서였다. 최북 역시 일본에 건너가서 쉬지 않고 붓을 움직이며 그림을 그려줬을 것이다.

늦은 나이에 시작했지만 솜씨만큼은 일품이었는지 그림을 사려는 사람들이 끊이지 않았다. 뛰어난 그림 솜씨는 그의 삶을 편안하고 윤택하게 해주었을지도 모른다. 그가 그렇게 살기로 마음만 먹었더라면 말이다. 하지만 그의 마음속에는 세상을 향한 주체할 수 없는 분노가 타오르고 있었다. 자기 이름인 북北을 나눠서 스스로 칠칠이라고 불렀고, 호생자毫生館, 즉 붓으로 먹고사는 사람이라는 자조적인 뜻을 지닌 호를 지었다. 당대 사람들은 그를 미친 사람이라는 뜻의 광생狂生이라고도 불렀다.

그는 그림 솜씨만큼이나 괴팍하고 제멋대로인 성격이 널리 알려졌다. 주변 사람들은 신분의 높고 낮음에 상관없이 한결같은 목소리로 최북을 제멋대로이고 오만하다고 언급했다. 그래서 최북의 기행奇行은 그림만큼이나 유명했다. 아마 〈금강전경도〉를 그렸을 무렵으로 추측되는데 금강산의 구룡연을 구경한 뒤 술을 잔뜩 마시고는 이렇게 외쳤다.

"천하 명인 최북은 마땅히 천하의 명산에서 죽어야 한다."

이 말을 남긴 최북은 누가 말릴 틈도 없이 그대로 연못에 뛰어들었다. 다행히 함께 있던 일행이 구해주어 그의 뜻은 이뤄지지 못했다. 우의정과 영의정을 지냈고 당대 최고 문장가로 일컬어진 남공철과의 일화에도 그의 괴팍하고 제멋대로인 성격이 잘 나타나 있다. 남공철이 출타한 사이 술에 취한 채 나타난 최북은 사랑채에 함부로 들어가서는 책을 흐트러뜨리고 구토를 하려고 했다. 남공철의 하인들이 뜯어말리는 바람에 겨우 일이 커지는 걸 막았다.

한술 더 떠서 남공철의 부탁으로 그가 가져온 중국 화첩을 보고 여항시인 이단전은 가짜라고 단언했다. 말년에 돈이 궁해진 최북이 가짜 그림이나 글을 써서 생계를 유지하려고 했던 모양이다. 하지만 남공철은 뭐 어떠냐면서 술을 준비해놓을 테니 언제든 들르라고 했다.

그 밖에도 어느 양반이 그림을 그려달라고 청했으나 거절한 뒤 협박을 당하자 남이 손대기 전에 자신이 손을 대야겠다며 한쪽 눈을 스스로 찌른 일화도 잘 알려졌다. 그렇게 한쪽 눈이 사라진 얼굴을 그린 그의 초상화를 보면 궁핍한 삶과 잘못된 세상에 대한 분노가 깃들어 있다. 스스로 상처를 낸 공통점 덕분에 오늘날에는 조선의 반 고흐Vincent van Gogh(1853~1890)라고 불리기도 한다. 확실한 것은 세상을 향해 몸을 굽힐 줄 몰랐다는 것이다.

세상을 피해서 취하다

이렇게 재주를 이용해서 먹고살 길을 찾거나 다른 사람의 비위를 맞춰주기를 외면한 그가 택한 것은 술이었다. 늘 술에 취해 하루에도 대여섯 되는 마셨는데 나중에는 아예 술을 파는 사람이 집까지 가져다주었다. 그러면 최북은 책과 종이로 술값을 치렀다. 늘 술에 취해 있는데다 오만하고 독선적인 성격 탓에 그의 재주를 아끼는 몇 사람을 제외하고는 미친 사람이라고 손가락질을 했다.

최북의 이런 모습은 대개 억압적인 사회질서에 대한 반항과 예술가로서의 자부심이 결합된 것으로 보인다. 스스로 파괴함으로써 의

도적으로 자신을 둘러싼 관습적 굴레에서 벗어나려고 했다는 것이다. 물론, 그의 이런 행동을 예술가적 기행의 일부로 보기도 한다. 확실한 것은 최북이 자신을 둘러싼 세상과 어울리지 못했다는 점이다. 비슷한 시기에 활동한 남종화의 대가 허련이 김정희의 가르침 아래 세상과 어울려 살려고 노력한 모습과 비교된다.

　자유로웠던 그는 전국을 떠돌면서 그림을 그리기도 했다. 그래서 가는 곳마다 그림을 사려는 사람들이 줄을 이었다. 이때도 괴팍한 성격을 가감 없이 드러냈다. 그림값이 적다고 생각되면 아무리 좋은 그림이라도 찢어버렸다. 반대로 그림값을 많이 주면 그림을 볼 줄 모른다고 타박을 주었다. 그의 그림을 사려고 했던 이들이 대부분 양반이었다는 점을 생각하면, 이런 행동은 대단히 무례하고 오만하게 비쳤을 것이다. 그래서 사람들은 그를 미친 사람이나 술주정뱅이로 여겼다.

　하지만 그가 시를 잘 짓고 지식인과 교류할 정도로 박학다식했다는 기록이 남아 있다. 그가 통신사를 따라 일본에 갈 때 성호 이익이 송별시를 지어준 것을 보면 미친 화가라는 당대 평가는 크게 잘못되었는지도 모른다. 어쩌면 그는 자신을 옥죄는 현실을 잊고자 술과 광기로 포장했을지도 모른다.

최북의 길

엄격한 신분제 사회로 학문을 숭상했던 조선에서 최북같이 가슴이 활활 타오르는 화가는 제대로 살아가기 어려웠으리라. 어디에서도 자

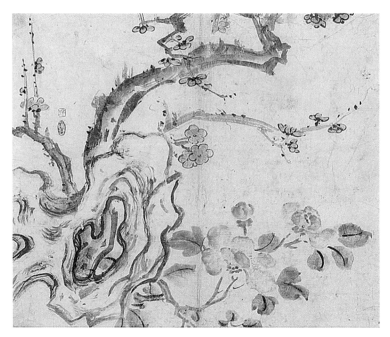
〈화훼도〉, 최북, 인천시립박물관 소장. 최북은 조선과 중국의 풍속이 다른 것처럼 산수도 다르니 마땅히 조선의 화가는 조선의 산수를 그려야 한다고 역설했다.

신이 가야 할 길을 찾지 못했으리라. 그래서 더 술에 취했을지도 모르겠다. 하지만 그가 남긴 그림들은 당대 그 어떤 양반의 그것보다도 오래 기억되고 있다. 붓이 아니라 손가락과 손톱으로 그린 지두화指頭畵 〈풍설야귀도風雪野歸圖〉를 보면 헝클어지고 불타오르는 그의 마음이 잘 드러나 있다.

어두운 밤, 늙은이와 어린아이가 다 쓰러져가는 초가집 옆을 지나 깊은 계곡으로 나아가고 있다. 사람은 작게 그려져 있고, 초가집과

싸리담장은 물론 길옆의 마른 나무 모두 뒤틀리고 기울어져 있다. 그림에서 조선이라는 감옥에 갇혀 있는 최북의 비명이 들린다고 하면 과장된 표현일까?

그는 산수화를 즐겨 그렸지만 새도 잘 그렸고, 〈풍설야귀도〉처럼 지두화도 많이 남겼다. 하지만 그의 그림들에는 어떤 것이든 최북이 그렸음을 쉽게 알 수 있는 강렬함이 있다. 그는 중국 그림을 모방하는 조선의 화풍에 크게 반발했다.

"무릇 풍속이 서로 다른 것처럼 중국의 풍광과 조선의 풍광은 명백히 다르다. 그런데도 화가들이 모두 중국의 풍광을 그린 그림을 따라 그리면서 우리 것은 하찮게 여긴다. 조선 사람이라면 마땅히 우리 풍광을 그려야 한다."

조선은 18세기에 접어들면서 상업이 발달하고 인구가 늘어났다. 임진왜란과 병자호란이라는 엄청난 전쟁의 충격에서 어느 정도 벗어나며 활기를 찾아갔다. 그러면서 자연스럽게 새로운 문화가 꽃을 피웠다. 새로운 문화는 양반의 사랑방이 아니라 여항, 즉 백성이 사는 골목길에서 피어났다. 그 중심에는 중인과 백성이 있었다.

하지만 지배층은 여전히 낡은 유교 이념을 내세워 새로운 문화를 외면했다. 그것이 자신들의 권력에 대한 도전이 될까 두려웠던 것이다. 최북이 조선과 중국의 풍속이 다른 것처럼 산수도 다르니 마땅히 조선의 화가는 조선의 산수를 그려야 한다고 역설한 것은 변화를 거부하는 세상에 대한 외침이자 경고였을 수도 있다.

술을 마시느라 가산을 탕진하고 자식을 얻지 못하면서 말년으로 갈수록 최북의 삶은 곤궁해졌다. 그래서 가짜 화첩이나 글씨를 만들어 팔려고 했다. 돌봐주는 사람이 없어서 나중에는 남의 집 문간방에서 기거했다. 그럼에도 여전히 술을 좋아해서 그림이 팔리면 그 돈이 다 떨어질 때까지 술을 마셨다.

그의 최후가 어떠했는지는 알려지지 않았다. 일설에는 추운 겨울날, 술에 취해 길에 쓰러져 잠들었다가 그대로 얼어 죽었다고 한다. 광기에 찬 불우한 삶이 비로소 끝난 것이다.

손가락으로
세상을 그리다,
장송죽

그의 본명은 알려지지 않았다. 그에 대한 기록은 찾아보기 어려운데, 조수삼이 쓴《추재기이》에 짧게나마 언급되어 있다. 경상도 출신이라고 짐작되지만 조수삼도 직접 확인해본 것이 아니기 때문에 사실이 아닐 수도 있다.

초시에 합격했다는 의미의 장생원張生員이나 그 줄임말인 장생張生이라고 불렸지만 조선 후기가 되면 생원이라는 명칭은 나이든 어른에게 붙여주는 말이 된 걸 감안하면 선비 집안이라고 보기도 어렵다. 이름이 알려진 집안 출신이었다면 어떤 형태로든 가계에 대한 기록이 남아 있겠지만 그런 흔적을 찾아볼 수 없다는 점도 그의 집안 사정을 엿볼 수 있는 실마리가 된다.

경상도 출신이라고 언급된 걸 보면 시골에서 화가로 이름을 떨치다가 한양으로 진출한 것으로 추정할 수 있다. 하지만 이렇게 단정 짓기 어려운 것은 조수삼이 그를 영남 출신인데 한양으로 올라와 공부했다고 언급했기 때문이다. 글자 그대로 해석하면 지방 출신 선비가 학문을 익히기 위해 올라왔다가 그림에 자질을 보여 화가로 활동했다는 해석도 가능하다.

확실한 것은 성이 장이고, 소나무와 대나무 그림을 잘 그려서 장송죽張松竹이라고 불렸다는 사실이다. 소나무와 대나무는 물론이고 물고기와 새도 잘 그렸으며 각종 서체까지 잘 썼다. 하지만 그는 그림을 그릴 때 붓을 쓰지 않았다. 오직 손가락으로만 그렸다. 워낙 섬세하게 잘 그렸기 때문에 그의 그림이나 붓글씨를 본 사람들은 붓 대신 손가락을 썼다는 사실을 믿지 않았다.

지두화는 손가락이나 손톱 또는 발가락으로 그림으로써 그림은 반드시 붓으로 그려야 한다는 통념을 산산조각 냈다. 붓이라는 전달 수단이 없어지면서 배경 묘사가 간략해지는 대신 그리고자 하는 대상은 좀 더 강렬하고 날카롭게 묘사할 수 있었다.

중국에서 건너온 화풍

17세기 말 중국에서 시작된 지두화는 18세기 전반에 조선으로 들어왔다. 사실 중국에서 붓이 아닌 몸 일부를 이용해서 그림을 그리는 방식은 무척 오래된 전통이었다. 하지만 붓을 쓰지 않는다는 거부감 때문에 이때가 되어서야 비로소 그림의 한 종류로 인정받기 시작했다. 물론 조선에도 붓을 쓰지 않고 그림을 그리는 방식이 있었지만 마찬가지로 사람들에게 인정받지 못했다.

사신들을 통해 조선에 소개된 지두화는 강세황姜世晃,● 심사정沈師正●● 같은 유명한 화가들이 그리면서 유행하기 시작했다. 특히 초기 지두화는 사대부 출신 화가들이 그렸다. 지두화 특유의 간결함이 아마추어라고 할 수 있는 사대부 화가들의 눈길을 끌었기 때문이다.

시간이 흐르면서 낯설고 괴이한 지두화는 점차 조선 화단에 퍼져 나갔다. 초기 지두화는 사대부 화가들의 전유물이었지만 시간이 흐르면서 평민 화가들이 지두화를 그리게 되었다. 차츰 지두화만 전문적으로 그려 이름을 떨치는 화가도 등장했다. 장송죽도 이 시기 지두화의 대가로 이름을 떨쳤다.

붓이 아닌 손으로 그린 그림

미친 화가라는 별명으로 앞서 소개한 최북은 〈풍설야귀도〉라는 대표적인 지두화를 남겼다. 그 밖에도 윤제홍尹濟弘(1764~1840)이나 이인상李麟祥(1710~1760)이 지두화 명인으로 이름을 떨쳤고, 김정희의 제자 허련도 적지 않은 지두화를 남겼다. 이들만큼 명성을 떨치지는 못했지만 장송죽 역시 지두화에는 일가견이 있었다.

그는 술에 취하면 먹물을 한 사발 들이켰다가 종이 위에 뿜은 다

• 조선 후기의 대표적 문인화가. 남종화와 진경산수화의 대가로 김홍도 같은 제자들을 길러냈다. 그림을 보는 안목이 뛰어나서 평론가로도 활동했다.
•• 조선 후기 화가로 겸재 정선의 제자다. 중국 화풍을 독자적으로 해석한 것으로 유명하다. 사대부였지만 정치적으로 불행한 시기를 맞아 화가로 나서야 했다.

〈묵모란〉, 황용하, 순천대학교 소장. 미산美山 황용하
黃庸河(1899~?)가 붓 대신 손가락으로 그린 지두화이
다. 장송죽의 지두화는 찾아보기 힘든데 양반들의
요청이 아닌 시전, 즉 시장통에서 그림을 그리고 팔
았던 탓이 크다.

음 손가락으로 척척 그려냈다. 취한 그의 손끝에서 소나무와 대나무가 그려지고 잔잔한 호수에서 노니는 물고기와 나무에 앉은 새, 그 모든 것을 내려다보는 달이 탄생했다. 붓으로 묻혀서 그리지 않았으면서도 농도를 잘 맞췄고, 선이 자연스러워서 사람들이 손톱으로 그렸다는 것을 좀처럼 믿지 않았다.

현재 그가 그린 그림은 남아 있지 않지만 다른 화가들이 그린 지두화를 보면 시간이 흐를수록 정교하고 섬세해지면서 붓으로 그린 것과 별 차이를 느끼지 못할 정도다. 그렇다면 왜 장송죽은 다른 지두화 화가들과 달리 그림은 물론 본명조차 남기지 못하고 사라졌을까? 그것은 장송죽이 시전市廛, 즉 시장통에서 그림을 그렸다는 기록에서 실마리를 찾을 수 있다.

시골에서 올라온 그는 사대부와 교류하는 대신 조용히 그림을 그리는 쪽으로 방향을 잡았다. 성격 탓일 수도 있고, 한양에 별다른 연고가 없는 지방 출신이라는 한계 때문일 수도 있다. 그나마 다행스러운 것은 조수삼이 《추재기이》에 짧게나마 그에 대한 기록을 남겨놓았다는 점이다.

양반들은 지두화에 관심을 기울이기는 했지만 대체로 그림이 아니라며 외면했다. 붓으로 그리지 않으면 그림이 아니라는 사고방식을 고수한 것이다. 김정희가 지두화를 좋아했고, 그의 제자 허련이 헌종 앞에서 붓 대신 손가락으로 그린 적도 있지만, 인정받기까지는 오랜 시간이 걸렸다.

하지만 백성은 그의 지두화에 열광했다. 〈풍설야귀도〉를 비롯해 남아 있는 지두화를 보면 양반이 왜 지두화를 싫어했는지, 그에 반해 백성은 왜 열광했는지 알 수 있다.

천한 이들을 위한 그림

손가락으로 그린 지두화와 붓으로 그린 그림은 같으면서도 다르다. 공간을 채우는 이미지라는 측면에서는 같지만 어떤 방식으로 그리고 무엇을 채우느냐는 점에서는 다르다.

붓이라는 매개체를 통한 그림은 법칙과 규격에 몸을 굽힐 수밖에 없다. 눈에 보이는 것 대신 상징과 관심에 젖은 그림은 양반의 감상품으로는 적합했지만 공자와 맹자 대신 자연을 벗 삼고 거리를 활보한 백성에게는 외면당했다.

붓을 거치지 않는 지두화는 필연적으로 불온할 수밖에 없다. 붓이 가는 대로가 아니라 머리가 이끄는 대로 그림을 그렸기 때문이다. 붓으로 그린 그림과 다를 바 없다고 했지만 지두화에는 손가락의 움직임이 그대로 담겨 있다. 그리고 그것은 흐릿하고 위태로운 백성의 삶과 강한 연결점을 가지고 있었다. 양반들 눈에는 보이지 않았던 지두화의 새로움이 백성들 눈에는 보인 것이다.

새로운 것은 늘 불온한 것이라고 외면했던 양반에게 지두화가 환영받지 못한 것은 어쩌면 당연한 일인지도 모르겠다. 하지만 관습과 규칙에 억압당해 변혁과 개혁을 꿈꾸던 백성에게 지두화는 꿈이자 변화에 대한 암시였다.

장송죽은 당대에는 꽤 유명했지만 안타깝게도 《추재기이》를 제외하고는 자세한 행적이나 그림이 남아 있지 않다. 하지만 그가 지두화를 그릴 때 늘 취해 있었다는 것은 세상을 향해 미쳤다고 외치며 술에 취해서 살다간 최북의 삶과 닮아 있다. 그들에게 조선은 맨 정신으로 바라볼 수 없는 세상이었을까?

혼돈의 시대를
응시하다,
장승업

2002년 개봉된 임권택 감독의 영화 〈취화선〉에서는 배우 최민식이 오원吾園 장승업張承業(1843~1897) 역을 연기했다. 술병을 들고 지붕에 걸터앉아 호탕하게 웃는 그의 모습은 인터넷에서 수많은 패러디를 낳았다. 이 장면은 장승업의 삶과 예술을 함축적으로 드러냈다고 할 수 있다.

김홍도나 신윤복과 어깨를 나란히 하는 명성과 실력을 자랑하는 장승업은 근대 회화의 기초를 마련한 인물로 평가받는다. 단순히 명성을 떨친 것이 아니라 조선 후기 회화사에 큰 영향을 주었다. 그가 화단에 남긴 영향력은 일제강점기까지 이어졌다.

그는 무엇보다 남종화가 주류를 이루며 관념적으로 이어지던 화풍에 변화를 주었다. 문인화라고도 불리는 남종화는 사대부 화가들이 즐겨 그리던 그림으로, 필연적으로 사실적 묘사보다는 관념적이고 형식적인 방향으로 흐를 수밖에 없었다.

장승업은 사실주의적인 그림을 그림으로써 흐름을 바꿔놓았다는 평가를 받는다. 그는 남종화에 비해 열세를 면치 못하던 북종화는 물론 중국의 최신 화법을 받아들였다. 그리고 우리 것으로 소화하는 데 성공했다. 이런 시도는 날로 위축되어가던 화단에 신선함을 불어넣는 역할을 했다. 미천한 신분과 각종 기행에 가려져 있지만 화가로서 장승업의 업적은 김홍도나 신윤복과 비교해도 부족하지 않다.

거리에서 자라나다

장승업의 삶은 불행하게 시작되었다. 그는 헌종 9년(1843)에 태어났지만 어디서 태어났고, 부모가 누구인지 알려져 있지 않다. 어린 시절 부모를 잃고 고아로 지냈다고 전해지는데 흉년에 부모를 잃었거나 부모에게서 버림을 받은 것 같다.

여기저기 떠돌던 장승업은 스무 살 무렵 이응헌李應憲이라는 역관의 집에 들어갔다. 양자는 아니고 노비로 들어간 것 같다. 조선에서는 고아를 거두어 노비로 삼을 수 있었으므로 부유한 사람들이 종종 고아나 가난한 집 자식들을 거뒀다.

이렇게 고아에서 노비로 이어질 그의 운명은 타고난 그림 실력 덕분에 바뀐다. 정식으로 그림을 배우지는 못했지만 어깨너머로 배운 그림 솜씨가 매우 뛰어났던 것이다. 그렇게 될 수 있었던 것은 그를 거둔 이응헌이 김정희의 제자 이상적李尙迪(1804~1865)의 사위였다는 점이 크게 작용했다. 역관이었던 그는 그림 수집이 취미였는데, 집에는 늘 화가들이 북적거렸다. 장승업은 이런 분위기 속에서 자연스럽게 그림을 섭하고 직접 그리게 되었다. 장승업의 그림 솜씨는 곧 주인 이응헌의 눈에 띄었다. 우연찮게 장승업이 그린 그림을 보고 단번에 재능이 있다는 것을 알아차린 것이다.

화가로서 장승업의 재능을 알아본 이응헌은 그의 손에 빗자루 대신 붓을 쥐어주었다. 이응헌의 후원을 받은 장승업의 그림 솜씨는 점점 좋아졌고, 천재화가라는 소문이 한양에 퍼졌다. 정식으로 그림을 배운 화가들을 단번에 제친 천재성이 빛을 발한 것이다. 그렇게 되면서 장승업은 여기저기 불려다녔다. 하지만 선천적으로 술을 좋아하고 자유분방한 성격이었던 장승업은 명성을 누리는 대신 술을 마셨다. 워낙 술을 즐긴 탓에 주량이 대단했고, 취하면 아무것도 못할 지경이었다.

그 밖에도 여자를 좋아했다고 표현한 것을 보면 그림과 술, 여자가 삶의 대부분을 차지하지 않았나 싶다. 어쨌든 그림에 한계가 없던 그는 한잔 술을 마시고 기생의 치마폭에 그림을 그려주면서 한양을 누볐다.

새장 속에 갇힌 궁궐 화가

장승업의 명성은 궁궐까지 전해졌고, 마침내 입궐하라는 어명을 받았다. 조선 후기 이름을 남긴 중인과 하층민의 삶을 담은 야담류의 책으로 한말 언론인 장지연張志淵(1864~1921)이 쓴 《일사유사逸士遺事》

에는 이때의 일화가 자세히 소개되어 있다.

고종은 장승업에게 궁궐에서 사용하는 병풍의 그림을 그리라고 명령했다. 그리고 궁궐 안에 그림을 그릴 수 있는 방을 주고 음식을 줬다. 술을 좋아한다는 사실을 알고 있었는지 하루에 술을 두세 잔만 주라는 지시도 따로 내렸다. 병풍만 잘 그리면 막대한 포상을 받는 것은 물론 궁궐에 출입하는 화가라는 명성을 누릴 절호의 기회였다.

하지만 술을 좋아한 장승업에게 궁궐은 지옥이나 다름없었다. 결국 술을 마시고 싶다는 유혹을 이기지 못한 장승업은 그림을 그리는 데 필요한 도구를 가져와야 한다는 핑계를 대고 궁궐에서 빠져나왔다. 이 사실을 알게 된 고종이 사람을 풀어 잡아와서는 그림을 완성하라고 엄명을 내렸다. 하지만 장승업은 또다시 탈주했는데 이번에는 문지기 옷을 훔쳐 입고 도망쳤다. 머리끝까지 화가 난 고종은 장승업을 포도청에 가두라고 지시했다. 그러자 고종의 총애를 받고 있던 민영환閔泳煥(1861~1905)이 해결사로 나섰다. 자신이 장승업을 거둬 그림을 완성할 테니 풀어달라고 청한 것이다.

그렇게 궁궐에서 풀려난 장승업은 민영환 집에 머물게 되었다. 민영환은 그의 옷을 가져다 숨겨버리고 빈틈없이 감시하게 하는 채찍과 함께 술을 마음껏 마시게 하는 당근을 사용했다. 그러자 장승업도 처음에는 나름대로 만족하고 적응했다. 하지만 갑갑함을 이기지 못한 장승업은 감시가 소홀한 틈을 타 도망치고 말았다. 결국 민영환도 두 손을 들면서 장승업은 자유인이 되었다.

〈송학도〉(왼쪽)와 〈화조도〉(오른쪽), 장승업, 순천대학교 박물관 소장. 장승업은 새나 꽃, 학 같은 짐승을 잘 그렸다. 날카로운 관찰력과 치밀한 묘사, 힘 있는 터치가 장승업의 특징을 잘 보여준다.

자유롭게 살다

《일사유사》에 실린 이 일화는 심하게 과장되었다. 일단 궁궐 안에서는 임금을 제외하고는 숙식할 수 없었다. 거기다 궁궐 밖으로 탈출한다는 것도 말처럼 쉬운 일이 아니었다. 아울러 《일사유사》를 제외하고는 장승업이 궁궐의 병풍 그림을 그리라는 어명을 받았다는 기록을 다른 데서는 찾기 어렵다.

하지만 장승업이라면 궁궐의 갑갑함을 견디지 못해 도망치고 말았을 것이라는 이야기가 떠돈 것은 사실로 보인다. 궁궐이 아니라 보통의 양반집이었다면 이런 탈주극은 실제로 벌어졌을 확률이 높다.

어쨌든 명예와 안락한 삶이 보장된 길을 걸어찬 그는 자유롭게 살았다. 장승업 그림에서는 그가 걸어왔고 추구했던 것들이 엿보인다. 앞선 시대 화가들이 새로운 화풍을 만들거나 진작했다면 장승업은 저물어가는 조선의 마지막을 장식했다. 그의 그림은 특정한 화풍이나 양식에 얽매이지 않고 사물을 최대한 사실적으로 묘사했다.

이것이 관념적으로 흘러가던 조선 후기 회화사의 물줄기를 바꿔놓았다. 중국과 서양의 화법을 적극적으로 받아들인 그의 그림은 화려하면서도 사실적이었고, 간결하면서도 농밀했다. 새로운 것을 받아들이면서도 자기 것을 잃지 않은 그의 그림은 조선 회화가 나아갈 방향을 새롭게 알려주었다.

장승업은 마음만 먹었다면 편안하고 부유한 삶을 누렸을 것이다. 하지만 그는 그림을 하찮게 여기는 양반 관료들에게 정면으로 도전했다. 아무리 양반이라도 자신을 무시하면 그림 그리기를 거절했고,

자신을 알아주는 이라면 언제 어디서나 붓을 들어 그림을 남겼다.

그 시대 한양의 백성은 술에 취해 비틀거리거나 주막의 봉놋방에서 붓을 든 그의 모습을 종종 봤을 것이다. 그런 모습을 본 어떤 사람들은 천재적인 재능을 낭비한다고 혀를 찼을지도 모른다. 하지만 권력과 관습에 속박받지 않겠다는 순수한 예술혼이야말로 그가 그림을 그릴 수 있는 원동력이었다고 할 수 있다.

그가 살던 시대는 세도정치의 폐해가 극에 달했다가 대원군과 고종의 통치로 이어지던 혼돈의 시기였다. 모든 것이 중심을 잃고 헤맬 때 술과 여자 그리고 그림을 탐닉하던 그의 삶은 1897년 멈춰버렸다. 그해에 죽었다는 사실만 알려졌을 뿐 어디서 무슨 이유로 눈을 감았는지는 알려지지 않았다. 화가로서 조선의 마지막 응시자였던 그의 삶도 그렇게 사라져 갔다.

몰락하는 조선의
마지막 붓,
허련

오늘날에도 아무 기반이 없는 상태에서 큰돈을 벌거나 명성을 떨치는 일은 대단히 어렵다. 모든 국민이 평등하다는 진실 같은 거짓말 속에서도 부모를 잘 만나야 성공한다는 금수저 법칙은 정확하게 돌아가기 때문이다.

엄격한 신분제도를 고수한 조선시대에 출신성분이 미천한 사람이 출세하기는 극히 어려운 일이었다. 지금처럼 돈을 벌 기회가 많은 것도 아니고, 과거에 합격했다고 해서 고위관직에 올라갈 수 있는 것도 아니었기 때문이다. 재주가 뛰어나다고 해도 신분이 미천하면 인정받기 어려웠다. 기껏해야 특이한 재주를 지닌 자라는 시선 정도가 전부였다.

이런 분위기 때문에 천재 예술가들은 좌절하고 분노를 느끼며 폭음과 기행으로 울분을 달래곤 했다. 하지만 그런 악조건을 딛고 우뚝 선 한 남자가 있다. 시골이라고 하기에도 민망한 남쪽 바다 끝 진도에서 태어난 그는 오직 붓 한 자루를 가지고 한양으로 올라와 화가로서 명성을 떨쳤다. 그리고 임금 앞에 나아가 그림을 그리는 화가로는 최고 영광을 누리기도 했다. 그가 바로 소치小痴 허련許鍊 (1809~1892)●이다.

추사 김정희의 눈에 들다

허련은 순조 9년(1809) 진도에서 태어났다. 양천허씨라는 나름대로 명문인 허련의 집안이 진도에 자리 잡게 된 것은 조상 중 허대許垈 (1568~1662)가 친척 임해군臨海君●●을 따라 내려오면서부터였다. 임해군이 사사되자 진도에 남은 허대의 후손들은 양반 행세를 제대로 하기 어려웠다. 진도가 땅이 넓고 날씨가 따뜻해서 농사짓기 수월했다는 점이 그나마 위안이 되었을 것이다.

이렇게 양반이었다는 기억이 희미해질 무렵 태어난 허련은 30대에 접어들 때까지 지극히 평범한 삶을 살았다. 그림을 좋아하고 잘 그렸다는 점이 달랐을 뿐이다. 이런 소문이 우연히 진도 근처 해남의 대

● 허련은 젊은 시절 허유라는 이름으로 불렸다. 허유라는 이름을 쓰기 전에는 허연만이라는 이름을 사용한 기록이 양천허씨 족보에 있다. 여기에서는 독자의 혼란을 피하기 위해 가장 널리 알려진 이름인 허련으로 표기했다.
●● 선조의 맏아들로 광해군의 형이다. 임진왜란 때 일본군에 포로로 잡혔다가 풀려난 적이 있다. 동생인 광해군이 즉위한 후 역모를 꾸몄다는 혐의로 귀양 갔다가 사사되었다.

홍사라는 절에 기거하던 초의선사草衣禪師(1786~1866) 귀에 들어갔다.

조선의 다도茶道를 이야기할 때 빼놓을 수 없는 인물인 초의선사는 강진에 귀양 온 정약용은 물론 당대 최고 예술가이자 정치가인 김정희와도 교류한 지식인이었다. 소문을 들은 초의선사는 허련을 불러들여 직접 가르쳤다. 그리고 허련이 그린 그림이 담긴 화첩을 가지고 누군가를 찾아갔다. 바로 김정희였다. 초의선사에게서 허련이 그린 그림을 건네받은 김정희는 단번에 이렇게 말했다.

"이 사람은 지금 어디 있습니까? 그림을 보아하니 실력은 뛰어나지만 견문이 부족해 보입니다. 내가 직접 가르치면 좋은 화가가 되겠습니다."

이렇게 해서 허련은 진도를 떠나 한양으로 향하게 되었다. 그의 나이 서른한 살 때인 1839년의 일이었다.

스승과 운명적으로 만나다

한양으로 올라온 허련은 곧장 김정희가 있는 월성위궁月城尉宮으로 향했다. 김정희는 자신을 찾아온 허련에게 거처를 마련해주고 직접 그림을 가르쳤다. 김정희가 허련에게 가르쳐주고자 한 것은 남종화였다. 당나라 때 화가 왕유王維(699?~759)에서 시작된 남종화는 문인화라는 별칭처럼 직업 화가들이 아니라 사대부 화가들이 그렸다. 조선의 사대부들도 남종화를 즐겨 그렸는데 그중 한 사람이 바로 김정희였다.

이때 김정희 집에는 이미 남종화를 그리는 화가가 몇 명 있었다.

하지만 허련은 단숨에 그들의 실력을 따라잡았다. 명색이 양반이지만 아무도 알아주지 않는 상황에서 명성을 얻을 기회는 오직 자신이 쥐고 있는 붓이라는 사실을 깨달았기 때문이다.

남종화에 대한 그의 집념은 호와 이름을 바꾼 데서도 알 수 있다. 남종화의 대가인 왕유의 이름을 따라 허련으로 바꾸고, 역시 남종화의 대가인 원나라 화가 황공망黃公望(1269~1354)의 호인 대치大癡를 따서 소치라고 했다. 하지만 김정희가 권력 다툼에 휘말리면서 제주도로 유배를 떠났다. 허련은 스승을 따라 제주도로 건너가서 몇 달씩 곁에서 모셨다.

누군가 위기에 처하면 주변 사람들의 진심을 알 수 있다는 말처럼 그의 제자들 중 제주도까지 따라온 이는 허련뿐이었다. 감격한 김정희는 허련에게 또 다른 후원자를 소개했다. 바로 신관호申觀浩(1810~1888, 나중에 신헌申櫶으로 고침. 일본과 강화도조약을 맺을 때 조선 측 대표)였다. 당시 전라우도수군절도사로 있던 그에게 써준 편지에는 허련을 이렇게 소개했다.

"압록강 동쪽에서는 이만 한 화가를 찾아볼 수 없네."

압록강 동쪽에서는 따를 자가 없다

김정희의 부탁을 받은 신관호는 임기를 마치고 한양으로 올라갈 때 허련을 데리고 갔다. 그리고 놀랍게도 입궐하라는 헌종憲宗의 어명이 내려졌다. 10여 년 전, 붓 한 자루에 의지해 한양으로 올라왔던 시골 뜨기에게 믿기지 않는 일이 펼쳐진 것이다. 헌종은 허련에게 붓을 하

右水青嶂左
澄江未覺義
宣遠此宗要
浮菲名酒
斜的幽人
評技生
瓶雙

小癡

〈추경산수화〉, 허련, 국립중앙
박물관 소장. 압록강 동쪽에서
따를 자가 없다는 평가를 들은
허련은 당시 몰락해가는 양반
들과 그들의 화풍인 '남종화'에
집착했다.

사하고는 몇 차례 불러 이야기를 나눴다. 비슷한 시기 그의 스승 김정희가 유배에서 풀려났다. 과천에 머물던 김정희를 만나러 간 허련은 얼마 후 고향 진도로 내려갔다. 과거 합격만큼은 아니었지만 금의환향이었다.

고향에 내려온 허련은 운림산방雲林山房을 세웠다. 나이도 들 만큼 들었던 허련은 운림산방에 기거하면서 여생을 보내려고 했을지도 모른다. 하지만 정작 허련은 운림산방에 머무는 대신 전국을 유람하며 그림을 그렸다. 고향 진도와 한양을 오가면서 사람들에게 그림을 그려줬다.

허련은 바로 이때 전국적으로 명성을 얻게 되고 사람들에게 알려졌다. 이때 그가 그린 그림들은 수준이 천차만별이어서 위작僞作이라는 의심을 받기도 한다. 아마도 받은 돈과 주문자 수준에 맞춰 그려줬기 때문이 아닌가 싶다.

불멸의 명성을 남긴 다른 화가들이 괴팍한 성격과 기행으로 사람들의 손가락질을 받았다면 허련은 성실하게 주문에 응했다. 학자들은 이 시기 허련의 유람을 곤궁해지는 집안 살림 때문에 밥벌이에 나선 것이라고 본다. 하지만 그런 이유였다면 차라리 한양으로 올라가는 게 더 유리했다. 시골 사람들에게 파는 것보다 더 비싸게 팔 수 있고, 명성도 유지할 수 있었기 때문이다.

하지만 허련은 시골을 전전하며 그림을 그려줬다. 날로 쇠퇴해가는 남종화를 지키기 위한 나름의 노력이 아니었을까 싶다. 한양에 올라와서는 민영익閔泳翊(1860~1914)을 비롯해 흥선대원군까지 다양한 후원자를 만났다. 세상사에는 전혀 관심이 없던 다른 화가들과 달리 권력 지향적이라는 평가를 받는 그에게는 꼭 필요한 일이었으리라.

만년에 허련은 스승 김정희를 비롯해 후원자들을 잇달아 떠나보냈다. 그리고 마지막으로 조선이 무너지는 모습을 목격했다. 조선의 붕괴는 곧 그가 평생 갈고닦았던 남종화의 몰락을 의미했다. 그럴수록 허련은 남종화를 더 많이 남겼다.

허련은 앞서 소개한 화가들과는 분명 다른 길을 걸었다. 잘못된 세상을 향해 분노하는 대신 그에 맞추려고 노력했다. 새로운 화풍을 만들어내거나 화단에 활력을 불어넣지는 못했다. 하지만 몰락한 양반의 지위에서 남종화의 대가라는 명성을 얻은 것은 분명하다. 그리고 같은 시대를 살았던 사람들은 붓 한 자루에 의지해 세상에 우뚝 선 그를 경이로운 눈으로 바라봤을 것이다.

참고문헌

단행본

구인환, 《삼설기, 화사: 우리고전 다시읽기》 13, 신원문화사, 2003.

규장각한국학연구원, 《조선 전문가의 일생》, 글항아리, 2010.

김상엽, 《소치 허련》, 돌베개, 2008.

박무영 외, 《조선의 여성들(부자유한 시대에 너무나 비범했던)》, 돌베개, 2004.

박상하, 《조선의 3원3재 이야기(독자의 품으로 되살아나온 조선시대 천재 화가
　　　들의 삶과 초상)》, 일송북, 2011.

박지원, 이민수 옮김, 《호질·양반전·허생전 외(사르비아총서 204)》, 범우사,
　　　2000.

방성혜, 《조선, 종기와 사투를 벌이다(조선의 역사를 만든 병, 균, 약)》, 시대의
　　　창, 2012.

서신혜, 《조선의 승부사들(열정과 집념으로 운명을 돌파한 사람들)》, 역사의 아
　　　침, 2008.

안대회, 《조선을 사로잡은 꾼들(시대를 위로한 길거리 고수들 이야기)》, 한겨레
　　　출판, 2010.

안대회, 《벽광나치오(한 가지 일에 미쳐 최고가 된 사람들)》, 휴머니스트, 2011.

열화당 편집부, 이상원 옮김, 《하원시초(정수동 시전집)》, 열화당, 2012.

유만주, 김하라 옮김, 《일기를 쓰다》 1, 2(흠영 선집), 돌베개, 2015.

유재건, 실시학사 고전문학연구회 옮김, 《이향견문록(이조시대 탁월한 서민들
　　　이야기)》, 글항아리, 2008.

이수광, 《공부에 미친 16인의 조선 선비들(조선 최고의 공부 달인들이 알려주

는 학문의 비법)》, 해냄, 2012.

이언진, 이상원 옮김,《불타다 남은 시(요절한 천재시인 이언진을 만나다)》, 아라, 2013.

정민,《18세기 조선 지식인의 발견(조선 후기 지식 패러다임의 변화와 문화 변동)》, 휴머니스트, 2007.

조수삼, 안대희 옮김,《추재기이(타고난 이야기꾼, 추재 조수삼이 들려주는 조선 후기 마이너리티들의 인생 이야기)》, 한겨레출판, 2010.

최선경,《호동서락을 가다(남장 여인 금원의 19세기 조선 여행기)》, 옥당, 2013.

허경진,《악인열전》, 한길사, 2005.

허경진,《조선의 중인들(정조의 르네상스를 만든 건 사대부가 아니라 '중인'이었다)》, RHK, 2015.

허경진,《조선평민열전: 평민의 눈으로 바라본 또 다른 조선》, 알마, 2014.

논문

강재헌, 〈여항 가객 작품에 나타난 경제 상황과 문화적 지향: 김천택과 김수장의 경우를 중심으로〉,《한국고시가문화연구》제29집, 2012.

김승호, 〈〈達文歌〉, 〈廣文者傳〉, 〈達文〉各篇의 敍事類型的 연구〉,《한국문학연구》21, 1999.

김지은, 〈朝鮮時代 指頭畵에 대한 인식과 제작양상: 18-19세기를 중심으로〉,《미술사학연구》제265호, 2010.

박영희, 〈조선후기 傳에 나타난 神仙觀-〈曺神仙傳〉을 중심으로〉,《이화어문논집》11, 1990.

방미옥, 〈다산 정약용의 '전' 연구: 새로운 인물형 구현〉, 전북대학교 석사학위논문, 2009.

서종문, 〈신재효와 근대 판소리〉,《판소리학회지》제31집, 2011.

서종문, 〈신재효의 판소리사적 위상〉,《판소리학회지》제20집, 2005.

서지원, 〈이언진의 시문학 연구〉, 숭실대학교 박사학위논문, 2013.

서현하, 〈《湖東西洛記》에 나타난 金錦園의 삶과 의식지향 연구〉, 고려대학교 석사학위논문, 2011.

송희령, 〈崔北의 작품 연구〉, 대구가톨릭대학교 석사학위논문, 1995.

신동흔, 〈전통 이야기꾼의 유형과 성격 연구〉, 《비교민속학》 제46집, 2011.

우정임, 〈16세기 후반기 坊刻本의 출현과 冊僧의 활약〉, 《역사와 경계》 제76집, 2010.

유진성, 〈조선시대 천민의 수학 사례 연구〉, 한국교원대학교 석사학위논문, 2014.

이윤희, 〈동아시아 삼국의 지두화 비교연구〉, 한국학중앙연구원 한국학대학원 석사학위논문, 2008.

이정화, 〈吳園 張承業의 藝術과 自由精神〉, 세종대학교 석사학위논문, 1992.

이효숙, 〈〈호동서락기(湖東西洛記)〉의 산수문학적 특징과 금원의 유람관〉, 《한국고전여성문학연구》 20권, 2010.

이훈상, 〈19세기 후반 申在孝와 여성 제자들, 그리고 판소리 演行의 변화: 歌妓에서 歌女로의 성장과 신재효의 역할〉, 《역사학보》 제218집, 2013.

이훈상, 〈전라도 고창의 향리 신재효의 재부 축적과 그 운영-판소리 창자의 양성과 관련하여-〉, 《고문서연구》 46권, 2015.

장안영, 〈정수동의 시문학 연구〉, 선문대학교 석사학위논문, 2012.

전준이, 〈《삼설기》의 체재와 유가담론〉, 《반교어문연구》 통권 제14호, 2002.

정길수, 〈李義天論: 18세기 후반 老論淸流 지식인의 운명〉, 《규장각》 제27집, 2004.

정선아, 〈吳園 張承業의 作品世界 硏究〉, 서원대학교 석사학위논문, 2004.

한소연, 〈김천택과 김수장의 시조 비교 연구〉, 한양대학교 석사학위논문, 2014.

홍선표, 〈崔北의 生涯와 意識世界〉, 《미술사연구》 5, 1991.

기타

조선왕조실록: sillok.history.go.kr